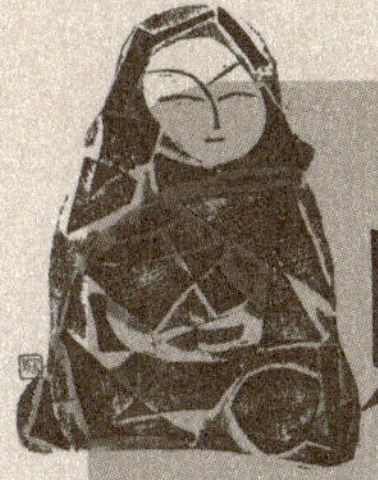

禅僧が贈る言葉

須田道輝

大法輪閣

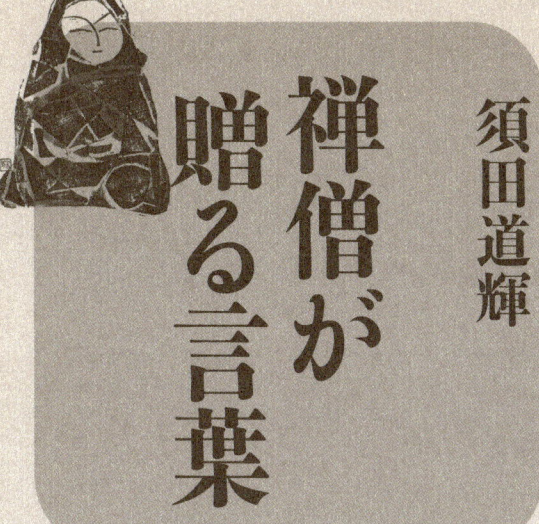

禅僧が贈る言葉

目次

Ⅰ　自分をそっと休ませてあげたい人へ

Ⅱ　この世を超えた価値を求めている人へ

目　次

装丁　マルプデザイン／清水良洋

I　自分をそっと休ませてあげたい人へ

◆大空の瞑想をしてみよう

気持ちが散って、何事も手につかないことがあります。そんなときには一度気分を拡散させ、思い切って両腕を広げ、限りなく青い大空に向かって胸を開くことも大切です。この大虚空をいだくような気分で呼吸すると、不思議に気分が締まってくるものです。

＊

信心というのは、まず、だらっとした毎日の心を引き締めることが第一歩です。心を引き締めることで、今まで感じなかったことを感じ、考えられなかったことが考えられるようになります。心を引き締めないで成長することはできません。

＊

呼吸がリズムにのれば、すべてが調《ととの》ってくるものです。あれもこれもする必要はありません。ポイントだけを調えれば、あとはあまり考えないことです。考えるということが自然のリズムを乱すことになるからです。

生きるリズムの原点が呼吸であり、寝起きの時間です。自然の法則に順応していけば、人のリズムも調ってくるのです。

＊

静かなところに、ひとりでいると心が休まりますが、静かすぎると不安になり、ひとりでいることの淋しさが湧いてきます。日に昼と夜があるように、交互に風を入れかえることを①中道《ちゅうどう》というのです。

①対立する二辺にかたよらず、どちらも一目に見て生かしていく歩み。

＊

静かな環境で修行することはいいことですが、それは消極的な修行です。それよりも悪い環境のなかで、心を不動にできる修行こそ、社会に役立つ修行となります。つまり目まぐるしい生活のなかでも、静かな心を養うことができるのが禅です。

＊

ストレス社会のなかで、静かな心、安らかな心、不動心を養うには、ふとした自然のささやきに耳を傾けることです。野に咲く小さな花、地をはう虫の姿、窓から入ってくる風、鳥の声、大空に見える無限の透明感など、自然の鼓動を感じることが、私たちの心を癒し安らかにするのです。そのことを逆にいえば、この騒がしい生活のなかで、いかに心に響く自然の姿を発見していくかを心がけることです。

＊

人間の側からばかり地球を見ていると、いつの間にか地球は人間のものという錯覚におちいるものです。この人間の見方を捨てて、宇宙大の考えでものを見ることが大切です。よく禅では「死んで考えろ」といいますが、死んだときのことを考えてみれば、公平に見えるということです。

禅定《ぜんじょう》に深く進むと、時の流れがゆったりするのを覚えるものです。つまり時間がふだんの尺度と合わなくなり、空間もただゆっくりと広がっていくのを感じたとき、日常生活の疲れ、人間の規則の息苦しさから解放されます。そのとき人も植物も動物、そして山も川も、すべてありのままに感じられます。

つまり人間だけの尺度を捨てたとき、もっと広大な見方が生まれるということです。

＊

清浄《しょうじょう》な心地というのは、坐禅瞑想によって生まれます。心が澄んでくると、一本の草、一本の木の実相《じっそう》（ありのままの姿）が見えてくるものです。草も木も鮮明な光が出ている。そのプラーナ（活気、生気）が見えてくるということです。

＊

虚空の瞑想をしてみよう。果てしない星雲の星を見る。それから無限を感じとります。大空を瞑想してみよう。何ものもない大空に白雲が忽然《こつねん》として生まれる。その小さな白雲はしだいに大きくなり、やがて風が吹き雨となります。雷光が光り轟音《ごうおん》が鳴り響く。大雨は川となって流れ、人々をあわてさせます。しだいに雨も止み青空がもどったとき、天空には何一つ残りません。ただもとの空があいているだけです。

＊

スピリット（霊）という言葉は、ラテン語でもともと「息」とか「風」という意味です。プラーナという梵語も生気と訳されますが、やはり「息」とか「風」という意味があります。虚空に万物が生まれるとき一陣の風が吹き、その風の作用で何もない虚空からプラーナ（エネルギー）が生まれると経典にはのべられています。人間の呼吸も、呼吸の仕方、考え方一つで、いのちを活性化させることができます。それが瞑想法です。風とか息とかは、他のものを動かす力を持っているといえます。

＊

若いときは、何がなんでも悟らねばと思い、半ばになると坐禅の境界《きょうがい》を仏の境界と信じて坐り、近頃ではただ生命の不可思議のなかで坐っています。

◆禅で生命力を補給する

釈尊の教えを分かりやすくいうと、大空のような心を持って生きるということです。広い心、深い心、不動の心、執《とら》われない心です。禅の精神を一口にいえば「一度死んで考える」ということです。つまり坐禅するということは、そこで「死ぬ」ということです。

＊

良寛和尚の歌に「うらを見せおもてを見せて散るもみぢ」とありますが、自分の欠点を見せまいという努力はつらく無意味なものです。自分の持つ欠点をさらけだすと、かえって心に余裕が生まれるものです。

＊

心にウソを持たない生活は、からりと晴れた天空のように、毎日が悠々としていられます。

＊

無我の教えは、自他一如《じたいちにょ》（自他の区別がない）の教えです。

無我の教えは、①天地同根万物一体《てんちどうこんばんもついったい》の教えです。

無我の教えは、執われることなく、軽やかに生きる教えです。

①天地の根源は同じであり、あらゆるものは一つであること。

＊

自己の境界が高くなれば見方が広くなり、一つのものにこだわりがなくなります。境界が低ければ低いほど執着心が強く、心が重くなります。

＊

禅ではよく力量という言葉を使います。実力があるということですが、それには心の器《うつわ》を大きくしなければなりません。器を大きくするには、目先の小欲、目先の知見を捨てて、長い目、長い時で考える識見が必要です。私欲の深い人間で器の大きな人はいません。

＊

絶対とは零《ゼロ》のことです。零は有でもなく無でもないものです。この零の世界に生きながら有であり、無である存在としてここにいるのが私です。心がつねに零であれば、自由自在そのものです。零の発見こそ仏法の発見です。

＊

生命には空性《くうしょう》①が一貫しています。空性ですから、さまざまな姿形をつくりだすものです。生命を水にたとえれば、水は無色透明であるからこそ、あらゆる色彩に染まることができます。水には形がないので、縁（条件）によっていかなる形にも変化するものです。生命の不可思議なところです。

①すべては因縁によって生じ、実体がない零を自性としていること。

＊

創造する者は、かならず禅瞑想の時間を持つべきです。瞑想の寂静《じゃくじょう》①は心を限りなく清《しょう》澄《ちょう》せしめ、次の創造力を生みだすからです。

①すべての思いがそのまま立ち消えしている静けさ。

＊

職務で疲れ果てている人、その人にも禅瞑想の時間が必要です。生命の疲れに、静寂なひとときは限りない生命力を補給するからです。

◆森が呼吸し森が思惟する

仏教は森の宗教といわれます。小鳥がさえずり、草がしげり、虫がとび、いのちに満ちあふれながら、すべてが森に包まれ、ありのままが静寂です。その静寂のなかで森とともに坐禅し、森とともに呼吸し、森とともに思惟する釈尊の教えがあります。

森とともに坐禅するということは、森が坐禅し、森が呼吸し、森が思惟することに他なりません。

＊

万物が本来に帰るというのは、すべて一如《いちにょ》の寂静《じゃくじょう》に帰ることです。一如に帰るには分別を滅しなければなりません。そこには宗派、宗教の違いなどはありません。区別があると主張するのは妄想です。そのことを教えられたのが釈尊です。

『中部経典』のなかの『界分別経』には「妄想されたものは病《やまい》です。比丘《びく》よ、妄想されたものを超越することによって、牟尼《むに》（聖者）は寂静にあります。比丘よ、牟尼は寂静にして生まれず、老いず、死なず、動ぜず、羨《うらや》みません」とあります。

＊

動に対する静ではなく、動を拠《よ》り所とした静で、しかも動静の対立を超えた坐禅の境界を寂静といいます。自己生命の根源に深入したとき、その無底の底から自然なる英知が照らしだすのです。

＊

五官（眼・耳・鼻・舌・身）によって認識できるものは、他動的に認識させられているのであって、自動的に認識したのではありません。たとえば梅の木を「見る」といった場合、梅を見るのではなく梅がそこに見えていて、それに対して意識が反応しているにすぎません。すべて付与的で受け身形です。

自動的に見るというのは、禅定による寂静から対象を見る、ということではないかと考えます。つまり対象によるゆれが休止したとき、対象がわが心となり、そこに初めて真実の姿が見えてくるという在り方です。

＊

一般の知は認識する知で、動くことで二分する知。禅定によって静められた知は、主客なく、ただ寂光を照らしだす知です。

◆絶望を仏にあずけて出直す

瞑想は、最初何に向かって坐るかということが大切です。日本の坐禅というのは、とくするると「ただ坐りなさい」というだけですから、初心者は困惑するだけです。仏陀が教えられた坐禅は、はっきりとどこを向いて坐るかを教えております。

瞑想はまず心に寂静を広げることです。深く静かに広がっていくと、しだいに辺《ほとり》ない虚空の世界に進入していきます。そして自分自身がその虚空無辺の世界のなかに溶解してしまいます。ただ洋々とした無限感のみがあるだけです。

虚空のみが「ただ広がっている」という境地に入ると、人間的な価値観、人間的な真理、そのすべては広がりのなかで消えてしまっています。つまり人間の好き嫌い善悪という標準がなくなり、さらに身心という存在さえも消滅してしまう境界です。人間中心の価値観がとけて、①法界《ほっかい》という本源的な次元から〈空〉〈無我〉という真実の実感が生まれるのです。

人は「心配ごと」や「苦痛」があれば安らかに眠れませんが、瞑想によって飛躍した次元に入れば、「心配ごと」や「苦痛」をかかえたまま安らかな状態でいられるようなものです。つまり心配をかかえて眠れるわけです。

①天地のいのちとして、すべてを生み展開している根源的宇宙。

＊

釈尊はよく「清浄《しょうじょう》」ということを説かれています。人はあれこれと考えれば考えるほど、悩みの種子は広がります。あれこれ悩むことによって生命力は弱っていきます。その悩みは執《とら》われから生まれるといいます。その執われを清浄にすることによって、本来、人の持っている生命の力が働き、傷を癒し、病を癒すのです。

傷を早く治そうとして人工的に薬をぬり、傷をいじり、ますます悪化させてしまうことがあります。心の傷はあれこれと思い悩む計らいを捨てて、自然の力にまかせることです。「清浄」の教えには、深い教訓がいくつもひそんでいるように思えます。

＊

吉凶、損得という現象は、夏と冬とが交互に変化して現われるように、つねに①輪廻転生《りんねてんしょう》をくり返している世界です。それはちょうど、松明《たいまつ》を持ってぐるぐる回すと火の輪のように見える旋火輪《せんかりん》と同じく、生滅が輪廻転生の円をえがくように見えるだけです。その円輪に心を向けている限り、人生はただ疲れるだけです。眼を内面に向け、円輪の中心に据《す》えて生きる生き方が坐禅の心です。

①生まれ変わり死に変わり巡っていること。

＊

虚空性[①]と一体となったとき、そこから放たれる英知が、法界の真実を照らしだすものです。清浄なる虚空性と融合するには、自ら清浄の定《じょう》に入らねばなりません。定そのものが目的ではありません。清浄を生きる道こそ禅定《ぜんじょう》です。

①すべてであって何ものでもない零という本性。

◆太古の虚空を観じなさい

仏教の菩薩信仰には霊験《れいげん》があります。しかし一度の祈りで問題がかなうものではありません。無心になって祈り、さらに祈ることです。すると智慧がさずかるのです。その智慧こそすばらしい霊験なのです。

＊

虚空蔵尊《こくうぞうそん》は智慧の菩薩といいます。虚空は透明で汚れのない鏡のようなもので、何ものも何事もすべて明晰《めいせき》に映しだすからです。この鏡が智慧です。昼夜一体、迷悟一如の地球の姿をとらえます。

＊

虚空を一言でいえば「大」です、広大です。ただ広がりのみがあります。時間・空間さえ呑みこまれている「大」です。広大にして太古の広がりです。

＊

太古の虚空を観じなさい。それが生命そのものの実相です。太古の虚空に、過去も現在も未来もありません。

＊

虚空の作用は、輪廻しながらしかも不動なるものです。たとえば水は温度が下がれば凝結して氷となり、温度が高くなれば蒸発して気体となり、上空に昇って雲となり雨となり、雷となり風となるようなものです。しかも水の性は変わりません。不動です。

＊

坐禅瞑想という修行は、現実だけに反応する生き方を止めることです。澤木興道《さわきこうどう》老師（一八八〇〜一九六五）はよく「①撃《う》ち方止《かたや》め」ということをいわれました。この現実は得した損したの世界です。利害の対立によって争ったり、競争したりしている世界です。この生き方を一回止めろということです。動きっぱなしでは、ものの本質は見えません。一度立ち止まって、周囲の状況を見回す心の余裕を持てということです。

一切を放棄して、坐ってみる。すると静寂な世界がそこに広がり、今まで見えなかった姿が見えてくるものです。自分のことしか見えないのが、他人の姿まで分かってくる。感じてくる。そういう人生観が生まれてくるのが坐禅です。

①坐禅においてすべての競争、比較して止まない思いを手放すこと。

＊

便利で豊かな文明は、合理性によって築かれるものです。しかし心の力、生きる力というのは、不可思議性（現象の裏側）に触れることによってのみ回生するものです。不可思議性とは宇宙を動かし、生命態を支えつづけている<u>ある</u>ものです。これを法性《ほっしょう》（万法《まんぼう》の本性）といったり、真如《しんにょ》（万法のありのままの姿）、法身《ほっしん》（真の本体としての身体）、虚空、空などといいます。言葉はたくさんありますが真実は一つです。真実は表現できませんから、いろいろと言葉がつきまとうだけです。

＊

東洋の哲学が西洋の哲学と違うところは、内観するということです。頭で考え、あれこれと分析したり組み立てたりするのではなく、まず頭で考えることを止めて、生まれる前の何も考えない自分にもどってみることに重点をおきます。

＊

虚空蔵《①こくうぞう》さまの信仰は、まず自分のかかえている悩みや病気や絶望、その心をすべて虚空蔵さまにあずけてしまうことです。あずけてしまえば身も心も軽くなります。そして今までのことは全部忘れて、第一歩から生活をやり直すことです。虚空蔵さまは、あずかった苦悩をプラスに変え、希望、功徳として私たちに再び返してくれます。間違いなく、絶対に。

①福と智の二蔵が虚空の如く限りない菩薩。長崎県諫早市の天祐寺には、住職の筆者が導きによって建立した虚空蔵堂がある。

＊

「はいはいの返事一つで天地《あめつち》も人もわが身も円《まる》くおさまる」という歌がありますが、「はい」と素直に受け入れる心、その心は天地の心と同じです。受け入れる心は、育つ心。天地に応える生き方に学ぶことです。

＊

変化することをすすめるのが、虚空蔵尊の教えです。虚空蔵尊の功徳《はたらき》は、ものの始めと終わりの原理だからです。終わることによって、新しい道が開けるのです。

＊

虚空蔵尊の信仰は三信によります。

(1)信心―心とは法界（天地のいのち）としてある心。寂静と欲求の働く場をいいます。この虚空蔵法界を信ずる心は、そのまま仏法を信ずる心です。

(2)信念―信じ念ずることは、念じられること。虚空蔵法界を念ずることは、虚空蔵法界から念じられ生かされることです。

(3)信用―信念によって生まれたものを、人生において用いること。信によって生まれた「生きる力」を発揮していくこと。信に力がないと生きる力も弱くなります。

＊

虚空蔵尊を念ずるということは守意、念を守ることです。念ずることによって念じられ、守ることによって守られるのです。

Ⅱ　この世を超えた価値を求めている人へ

◆すべてに生きる価値を見出す

人生というのは――それは宗教にもあてはまりますが、結局、日常生活の上で起こってくる、あらゆる運命に対して意味、価値を見出していくということが〈生きる〉ということなのです。仏教の言葉に「仏土を荘厳《しょうごん》する」という句がありますが、荘厳というのは清らかに美しくするということで、つまり価値によって飾るということです。飾るということは、生き甲斐を高めるということになります。

＊

一年くらい前でしたか、ある人に何を思いつめたか「方丈《ほうじょう》さま。この世に果たして生きる意味があるのでしょうか」と訊《き》かれ、どきりとしたことがありました。その人ばかりではなく、人は一度ぐらい、その人と同じようなことを考えたことがあるのではないかと思います。

そのとき「たとえ人生に意味があろうとなかろうと、現に生きて、生かされてここにいるのであれば、意味がないものに価値《いみ》というすばらしい花を咲かせ実らせることが、人の生き甲斐であり、人生のすべてではないか」と話したことでした。

＊

悪いことには意味がなくて、良いことには意味があるという低い次元の考え方では、人生は苦と楽との輪廻転生で、ひとときも心の休まることはありません。悪いという現象にも、何か意味があるはずです。たとえば「痛い」という身体の痛みは、もとへもどせという生命からの啓示です。経済的活動をすれば、かならずゴミがでるということも、そこには自然の警告が含まれているのです。

悪い事柄にも、なんらかの意味があり、その意味を発見していくことが宗教能力であり、人の智慧というものではないかと思います。つまり智慧とは教理というものにしがみついているのではなく、執着から自由になり、人生における意味の発見、花の咲かせ方を身体にしみこませるものです。

いのちは大切です。しかしいのちより大切なものを大切にする人々もいます。それは「生きざま」です。生きるより、生きる価値を大切にする人々です。

＊

修行は、どんな苦楽でも自ら受用する姿勢《いきざま》（自受用《じじゅゆう》）です。それは仏菩薩が慈悲をもってわれわれに悟りを享受させよう（他受用《たじゅゆう》）としているのだと受けとめることです。苦にあって不平をいわず、楽にあっておごらない心の修練です。

＊

修行の意味は、自ら生活のなかに制約を設け、従来の生活に節目や変化をつくりだすことです。変化をつくることは、そのまま身心に躍動感を与えるのみでなく、ものを見る眼も違ってくるものです。

＊

自分の宗教体験から吸収された仏法でなければ、生きた仏法とはいえない。釈尊の血《けち》脈《みゃく》が流れている仏法とはいえません。

＊

仏法は学んで論ずるものではなく、行じて表現するものです。

＊

人生のあらゆる出来事を、その時その時切断し、そこに仏法を見出すのが禅の精神です。どこを切っても仏法がそのまま働いていることを、発見する眼を養うのが禅です。

＊

平面的な知でいくら考究しても、宗教的境界《きょうがい》にたどり着くことはできません。宗教は分別知の介入を許しません。ただ行によってのみ分別を超えた世界に侵入し、心琴に触れる感動を味わうのです。分別知で仏法を悟れるということは、一種の学問的迷信です。

＊

ある人から、坐中に法界との一体感を体験したという手紙をもらいました。この坐中の体験は恐らく深く心底にきざまれ、生涯忘れることのできない体験として残るだろうと思う。仏典を読み、さらなる体験をかさね、その一体感の体験と結んで思惟することをすすめたい。いちがいに有難がったり、いちがいに否定したりすべきものではない。大切なのはその宗教体験を、いかに日常のなかで働く英知とするかどうかにかかっています。

◆智慧とはこの法界《ほっかい》自体の意思

『テーラ・ガータ』などにのべられている釈尊の聖弟子たちの願行《がんぎょう》を読んでみると、縁《えん》を中心とした無我と無常を究める英知の確立と同時に、その英知に内在している神通《じんずう》の力の体得を求めていたように思えます。神通神変《じんぺん》とはものを見通す力、結果を予想する直観力であって、いわゆる肉体能力を超えた超人的働きでは、決してありません。現実を見て、その由《よ》ってきたるものを知り、現実の未来的結果を知る力です。

＊

神通は一心内奥の独特な宗教的体験で、一種の精神的直観に属するもので、物質的異現象ではありません。

＊

どんな職業にたずさわっていても、その道の深奥に触れた場合、そこにある種の神秘性、不可思議性を感じることができたならば、それは新しい意味での宗教心といえます。

＊

「気付く」「覚《さと》る」「感ず」という心の方向は、宗教にとって大切なことです。五官を超えたものに気付き、その働きを感じ、法界の①因縁果《いんねんか》に目覚めることです。心を大いなるものに向かって働かせる行動、それが宗教心です。

①自らの心の向きに応じた行為によって、自らの心の向きに応じた世界が展開すること。

＊

宗教とは、生命の不可思議性（神秘性）に触れることです。

＊

神秘性それが宗教の本質です。思量を超えた神秘性そのものが、人間に新しい啓示を与えます。神秘性はそのまま、自己自身の究極の場として明らかに現われます。

＊

「絶対」という言葉を使えるのは、論理的知を絶したものだけです。人間界にとって不可思議にして不可得《ふかとく》なるものの異名です。不可得とは求めても得られない、認識不能の次元です。その次元を自覚するとき「信」が生まれます。

＊

一大法界（虚空界）には、知ることのできない生命の智慧が潜在しています。たとえば腹一杯食べたとき、腹一杯であることを告げる生命の智慧です。その智慧が働かないと肉体そのものが破壊されてしまいます。陽という欲望が腹一杯になると、陰というブレーキがかかり赤信号を発します。この生命の自然信号に学ぶことは多い。

＊

智慧とは、この法界自体の意思です。心はこの法界の意思と一つになろうとする働きによって、法界の意思を悟るのです。

＊

私たちの心の深奥には、この法界が縁起し始めたときからの生命意識がきざまれているのです。人が知識や経験を身心に記憶しているように、心も生命の持つ全程を蓄えているのです。華厳《けごん》で「一即一切《いっそくいっさい》」とは、このことをいうのです。

◆ウラナイでオモテの運命を変える

占い信仰はもともと未来に対する不安から生まれたものですが、心の「うら」の暗在生命に気付き、その心や生命に習う（学ぶ）のが「うら習う」「うらない」です。

＊

占いの「うら」は、現象として地上にその姿を現わしていない「うら」を知ることです。

人生もオモテだけを見るのではなく、心の深奥に起こりつつあるものを発見するのが宗教の役割でもあります。

＊

オモテの現象が良くなりたいのなら、まず、ウラの心底にえがかれている運命の地図を変える以外にはありません。ウラが悪くてオモテが幸せということなど、あり得ないのです。

＊

ウラを心にかけておけば、いつかその一念の種子はオモテ、地上に顔をだすはずです。だから現状を嘆くまえに、心に良き一念の種子をまくことが先決です。

＊

信心とは心の奥底に思念の根を下ろすことです。その心奥には非合理な生命の流れがあって、そこに根を張ることによって生命は不動の活力を得るのです。

＊

宗教心の深奥にはつねに「願う心」があり、「祈る心」があります。それは吉凶を超えて安らかな中道の心にもどろうという自然の営みです。

＊

念想というのは一種の祈る心です。念想は生命心の全体に流れる血流のようなものです。

汚れれば病《やまい》となります。

＊

心の生命を活性化するには、集中力を高めることです。心の生命を活性化するには、念ずる力を高めることです。

＊

宗教信仰の定義は一様ではありません。生命を考えるに多様なとらえ方があるように……。いずれにしても、宗教とは「心の力」を信ずることではないでしょうか。もの以上の価値と働きが内在している心の可能性を引きだすことだといえます。

＊

ある人が「百町の美田を持つより、信仰を持て」と言ったということです。百町の美田も心がけ一つで一瞬のうちに消滅してしまうものです。眼に見えない「心の世界」を学ぶほうが、事業を拡張することより大切だという教訓です。「事業は人なり」という言葉もあるように、すべて形のない心の在り方によって勝敗が分かれるということです。

◆只管《しかん》とは無償の行為

「犀《さい》の角《つの》のようにただ独り歩め」（スッタニパータ）という聖訓こそ、求道者《ぐどうしゃ》の姿勢です。

＊

仏陀は言われた。「二人して行くな、ひとり行け」と。この言葉は仏教広宣《こうせん》の道の厳しさと、その孤独の旅がいかに人をしてたったひとりの自分に気付き、独立心を育てるかを知っておられたからこそだと思います。弱い心の者は、すぐ集まって徒党を組み、その小さな集団のなかで首をだします。誰も通ろうとしない山道を歩む、それが沙門《しゃもん》（出家者、真実を歩む人）の道です。

＊

如《にょ》[①]より来たれる者、それを如来《にょらい》といいます。如へ去る者、それを如去《にょこ》といいます。人間はもちろんのこと万物すべて如なる虚空より来たり、如なる虚空へ帰去して跡を止《とど》めません。だから私たちはもともと如来です。如なる自己に目覚めることが悟りです。

①天地いのちのありのままであること。

＊

真の自由には孤独がつきまとうものです。むかしの禅僧のように孤独に徹して、しかも動じない者にのみ自由があるのです。世間大衆のなかでの自由は単なるわがままであり、自分中心の我欲にすぎません。

＊

人生に意味があるのか、目的があるのか。一般にはそれほど深く考えることなく、先天的に働く欲求のままに生きて、そして死んでいくのです。求道者は意味・無意味という人間の価値観を超えて、ただ法界の不可思議、無限なるものに向かって出発するのみです。

＊

大乗戒とは、求道心《①ぐどうしん》という一戒につきるのではないでしょうか。求道心の戒法を守りさえすれば、たとえ世間に染まることがあっても、求道心という戒の方向を見誤ることはないからです。『法華経』寿量品《じゅりょうほん》の父子が死の時節に遇って、求道心の薬を飲み正気にもどるように。

①真実を求め真実に生きようとする心、菩提心ともいう。

＊

出世間の法を求め向かおうとする心を発菩提心《ほつぼだいしん》（求道心）といいます。寺に入りたいという心は世間の法です。真実の仏法とは無縁のものです。「縁なき衆生は度《ど》しがたし」といわれた釈尊の聖訓をよくよく味わうべきです。人のことではありません、私のことです。

＊

むかし江戸と大阪を往復する飛脚《ひきゃく》がいました。そのなかでも十日の道を七日で走る男がいました。まわりの者が「どうしてそんなに早いんだ。何か秘訣があるのじゃないか」と訊きますと、「俺にはそんなものはない。ただ足元を見て、けんめいに砂まじりの道のなかに、赤い石を見つけながら走るだけだ」と答えたということです。

＊

只管打坐《しかんたざ》とか只管念仏という只管の心は「ひたすらに」という意味ですが、それはまた「世間的な何ものも求めない」という行動でもあります。達磨《だるま》大師の「無所得行《むしょとくぎょう》」であり、求道者の姿勢でもありますが、一面、人々に対する無償の行動も只管の精神であると考えると、現代の仏教に欠けているものは、この只管の一大精神ではないだろうか。

＊

天台智顗《てんだいちぎ》大師（中国・天台宗の開祖）の『小止観《しょうしかん》』の禅には、今風にいえば身心の健康を説いている禅定観《ぜんじょうかん》があり、この大師の禅味と達磨系の無所得の禅とを立体的に組み合わせた禅がのぞましいと、私は思っています。つまり求道とともに衆生救済の実践をともなう禅です。これを私は「菩薩禅」とよびたいのです。

◆いじめに向けば、いじめの風景

知足《ちそく》とは足が地に着いている生き方のなかにあります。足を動かし、苦労を知ることです。満足とは足を一歩ずつ進めて目的地に着いた喜びをいいます。

＊

生きるというのは「喜び」を求めることです。その喜びを感覚的な次元で求めるのか、それとも聖なる人間精神の次元に求めるかで異なってきます。感覚的次元では「喜び」はいずれ濁りへと変化します。

＊

今年は戌年《いぬ》です。戌とは「守る」という意味。何を守るか——心を守り、人間を守り、自然を守り、社会を守り、家族を守ることです。守る心は、まず己れを守ることから始まります。守りは自己を自制することで、戒の心です。この戒の心がマヒすると、守りがくずれます。自己破壊、人間破壊へと進んでいきます。守りのない発展は、すぐくずれが起こります。すぐ腐敗が始まります。自然はそれを教えているのです。

＊

どのスポーツでも形の美しい者は、強くてムダがない。人も生活が調っていなければ災いが生まれます。

＊

戒律（五戒）というのは人間として、この社会で生きるに値するための基本的な条件とでもいうべきでしょうか。

(1)生命への尊厳——不殺生《ふせっしょう》。
(2)利他の心——不偸盗《ふちゅうとう》。
(3)正直の心——不妄語《ふもうご》。
(4)慈愛の心——不邪淫《ふじゃいん》。
(5)自主の心——不飲酒《ふおんじゅ》。

＊

人の行為行動に天地の法則に背反《はいはん》するものがあれば、間違いなくその責任は行為行動者にあります。誰も代わって責任を負う者はおりません。口にまかせて食べ腹痛を起こすのは、誰あろう、食べた本人のみです。

＊

「報い」は「おもむく」のむくいという意味らしい。その人の行い感じたことが、おもむいて現われることです。つまり「向いた方向」にしたがって、その結果が現われるわけです。東に向いて歩けば日の出に出遇い、西に向いて歩けば日没に出遇います。そのように親切な方向は親切な風景に出遇い、いじめの方向はいじめの風景に出遇うことを「報い」といったわけです。

＊

Aさんに親切にしたからといって、Aさんから親切にされることではありません。CさんDさんという、展開した風景の人々から親切にされるのです。

＊

善念は善縁をよぶ笛です。悪念は悪縁をよび集める笛です。

＊

信仰は善縁を自らつくりだすものです。善縁に触れていく信仰はおのずから悪縁を消滅せしめる力となるものです。信仰という善縁をかさねていけば、願わなくとも善果が生まれます。これが因縁果の信仰です。

＊

信は「念」の世界です。念ずることによって、新しい世界がそこに出現するのです。仏を念ずれば、そこに仏境界が開かれ、魔を念ずれば、そこに魔が立ち現われます。

＊

カルマ（業《ごう》）という言葉を現代的に理解すれば、価値観行動ということではないでしょうか。何に価値をおいて生きるかによってその人の方向が決まってきます。その人の価値観によって、同じ境遇でも満足度がかなり違います。災いとか病とか外的な条件は、幸不幸の尺度にはなりません。

＊

天地の理法を基準にして行動すれば、天下に恐れるものはありません。それにしても、進むことより退くことが難しいものです。

＊

「人事をつくして、天命を待つ」という箴言《しんげん》がありますが、これを宗教的にいうと、人事をつくしたなら天に祈るしかないということです。「祈り」には解答のない現実問題に対する畏敬の念がこめられています。人知の及ばない根源への問いかけに他なりません。

◆信仰とは、無常の流れにあって絶対を求める心

禅は無我の追求、浄土は苦の追求。両者に共通なのは無常の教えです。

＊

無常の教えは、仏教の中心的教理です。教理というより実相《じっそう》、ありのままの姿です。「常が無い」というのは、停止しない時空の実相です。しかし分別知は、時空を一時停止させて固定化し、時空を分けて数量化しようとする営みです。

＊

無常を知るということは、停止することのない時空にそって、しかも永遠なる全《まった》き現われをそこに見る智慧がなければなりません。それには坐によって内面から時空に触れることです。自己の心をぬきにして、法界性の本質を見ることはできません。

＊

不安とか恐怖とかいうその原因は、この世が生滅の無常の流れのなかにおかれているということを自覚できないからです。悟りとはまさしく、自己存在を含めて、地球上のものは消えていくという慧眼《えげん》に他なりません。宗教信仰というものは、無常の流れのなかにあ

って絶対を求める心です。仏法は無常そのもののなかに真常（永遠）を行ずる宗教です。

＊

貪《とん》（むさぼり）瞋《じん》（いかり）癡《ち》（おろかさ）の三毒は、生命の持つ自己拡大、自己保持などへの過剰反応による毒素の噴きだしです。たとえばものを買えば買うほどゴミが生まれるのと同じです。

＊

三毒とは、自制のきかない欲望です。好きなものに対する限りない執着、それが「貪欲」です。嫌いなものに対する敵対行為、それが「瞋」です。自分のおかれている場を知らないこと、つまり主客転倒の考え、たとえば金は使うべきものなのに金に使われている人間がいます。それが「癡」です。

＊

満足の感覚にのめりこんでしまうのが「貪」。不快を排除しようとする力が「瞋」。自他を区別し、いらぬ努力をするのが「癡」。他を下に見ようとする認識が「慢」。

＊

仏教に原理主義はありません。原理はつねに絶対だからです。絶対は常・一・主宰のアートマン（我）ですから、比較したり対待《たいだい》することを許さないのです。それはすべての第[1]

一原因であり、無条件そのものです。仏教はこの地球上にこのような絶対的存在はないと説きます。だから他の価値を認めて、相互依存によってのみ生存できるというのです。

①変化せず、唯一で、全体を統一する支配者。

＊

現実をありのままに主観を入れず直視（自覚）するのが苦諦《くたい》。その問題の要因を整理してみるのが集諦《じったい》。そして何がいちばん大切かを考え、その方法を具体的に記述してみることが道諦《どうたい》。それと並行して、問題はかならず解決するという信念を持つことが滅諦《めったい》。これが四諦《したい》の基本です。

＊

中道ということを難しく考えることはありません。天地自然の法界は、もともと中道なのです。だから自然に学び、自然に順ずる生き方が中道です。

＊

中道とは「真中《まんなか》」という意味ではありません。事理《①じり》に偏《かたよ》るところに働く「転ずる道理（バランス）」です。究まって転じていく法の道理であり、それは法界の知性でもあります。

①相対・差別の現象と、絶対・平等の真理。

◆法を広めるには損に徹する

建前論をタテにする者は、たいてい自説を妄信して心に疚《やま》しさがあることが多い。建前を出されれば、人というのは不思議に服従せざるを得ない合理性を持っているので、巧妙なサギ的手口なのです。気をつけなければなりません。合理性がかならずしも人間にとって善であるとは限りません。

＊

建前ばかり論じている者に真実は開けてきません。ホンネにこそ時代に生きている本物の生活があります。

＊

仏法を求めることは常識人ではなかなか難しい。常識に疑いを持って追求しつづけるのが求道者というものです。しかし、常識を逸《いっ》すと変人としかいわれない。変人、奇人といわれる者でないと、究められない世界なのだろうか。この頃そう思う。

＊

菩提心とは勇猛心《①ゆうみょうしん》です。菩提には仰《あお》いでは悟りを求める上求心《じょうぐしん》と、伏《ふ》しては衆生を救おうとする下化心《げけしん》とが具わっています。いずれも名を捨て身を捨てる覚悟が必要です。菩提の行は世間を気にしていてはできないことです。だから勇猛心が必要なのです。

①たけく勇ましく努力する心。

＊

山に登る心と山を下る心とはその方向も目的も違うのですが、同じ山であることには変わりはありません。

＊

一口に法を広めるというが、広めるには身心を損し、金銭を損するというように、損に徹する覚悟がいるものです。信心も労をいとうようでは本物に出遇うことはありません。

＊

衆生救済という行願《ぎょうがん》（その実践と願い）には、利害得失だけではなく、仏法、異法にさえも執《とら》われない高次の見解が大事です。

＊

人間の弱さを知ることが慈悲心ですが、それは同時に不動の心を生む要《かなめ》です。

＊

心の器《うつわ》を大きくしよう。そうすればものの見方、考え方も多面的になり、寛容の心も生まれます。心の器を大きくしよう。そうすれば心底に不動心が生まれます。

＊

悲は一般に「同情」という意味ですが、仏教では「苦しみを同じくする」という意味で、人間の根源的悲しみを共有するということです。天台大師の『摩《ま》訶《か》止《し》観《かん》』に「起㆑誓悲㆑他」とあり、悲そのものに衆生を救おうという誓願心が含まれているといえます。

＊

幸せな人とは、人に心を分けてあげられる人だと思います。その心のない人は、いつでも不平と不満に苦しむ人です。

Ⅲ ヘコンでヘコンで、もどらない人へ

◆小さなことに意味が生まれる

「お前はモノ覚えも悪い。還俗《げんぞく》して親のもとに帰れ」と、兄から言われたパンタカは、しかし釈尊に「そんなことはない。知識はないかも知れないが、立派な智慧は修行によって生まれるのです。明日から掃除をするとき〈心のチリを除く、心のチリを払う〉と念じながら修行しなさい」と言われ、教えの通り修行に専念し①阿羅漢果《あらかんか》に達したといいます。

修行というのも、一つの問題を心にかけ、つねに念じていなければなりません。いつでも思いつめていなくてはならないのです。思いつめていれば、いつかその思いが割れて、新しい解決が見えてくるものです。苦しんでいるとき、その苦しみの底から新しい生き方

が見えてくるのです。

①小乗仏教において仏弟子の到達する最高の階位。

＊

「できないから、しない」というのではなく「できなくても、形だけでもする」という積極性が大切です。とにかく口だけでも「有難い、有難い」と言っていれば、自然にその心が生まれてくるというのが修習《しゅじゅう》ということです。修習というのは、何回もくり返すことです。心がついてこなくても、まず身体と言葉でそれを表現すれば、自然に心はついてくるものです。不平ばっかり言っていると、いつの間にか不平心が心の大地に根付いてしまいます。少々不平があっても「有難い、有難い」と言っていれば、心もおだやかになりプラス思考が増大していきます。

＊

失敗したと人はいいますが、何事か行動を起こしたから失敗したのです。失敗もしないということは、何もしていないということです。

＊

失敗しても、失意をしないことです。人は失敗すればするほど智慧がつくものです。

＊

修行とは滝行、断食などという肉体をいじめる苦行を意味するものではありません。たとえ未熟な読経でも、毎日くり返し、くり返しつづけることに修行の意味があることを忘れてはなりません。

＊

生活がすべて修行であると覚悟すると、どんな小さなことでも、意味が生まれてきます。

＊

悪いことがあれば、良いことがある。そのリズムが運命というものです。いつまでも悪いことばかりではありません。胸のさけるような思いをする事件でも、いつかは落ち着いてくるものです。どんな嫌なことでも、時の流れは洗い流してくれるものです。ですから時というものは有難いものです。

苦しいことも良いことも、全部、私たちの修行なのです。知らなくても、みんな修行させられているのですよ。私たちは修行のために、この世に生まれてきているのです。ただそのことに気付いていないだけなのです。「悟る」ということは、このことなのです。

修行の心がけからすれば、苦しいことに出遇えば「これを乗り越えれば、本当の力がつくのだな」と考えることができます。

＊

しかられたり注意されたときは、心が乱れるものですが、それをじっとかみしめて腹に摂《おさ》めることができれば、その注意されたことはみな砥石《といし》になるのです。つまり自分を磨く砥石ということです。

これはなかなか言うはやすく行うことは難しいことですが、つとめて心がけることです。

＊

不幸がきたら、自分のマイナスのカルマ（業《ごう》）が消えるのですから喜ばねばなりません。不運は自分のマイナスカルマの現象化です。お金を失ったら自分のカルマがあがなわれたことになるのです。宗教的にいえばです。ですから自分の悪徳が、相手の悪口や怒りによってきれいになると信じなさいということです。これはとても大切な考え方だと私は思います。

＊

苦しんだり悩んだりするなかで、自分の考えや小さな感情に固執するのではなく、苦しみのなかで自分を広げていくというのが修行というものです。

＊

要するに楽に生きるより人間の消化力を大きくし、器《うつわ》を大きく育てることのほうが大事なことなのです。器を大きくするとは、好き嫌い、苦楽、損得、それを同じレベルでとらえることのできる器をつくることに他なりません。

あんまり清浄というか純粋だと理想的ですが、生きていけなくなります。失敗もあり、嫌なことも経験する。人間臭いことで恥をかく。そういうものすべて肥料に変える力を持つことです。

＊

賢明な人というのは、何を見てもそこから学ぶ力があるのだなあと思います。「偉い」というのは「学ぶ力」があるということです。

年をとるとだんだんものを見ても、そこから学ぼうという力が弱くなってくる。学ぶ力がある人は年をとっても若いのだと思います。

＊

人というものは、いつでも師匠を持っているということが大切だと思います。敬愛する師によってのみ、自分の欠点が教えられなくても分かってくるものです。ですから師匠を持たずに自己流で修行したり、信仰したり、学問するということは、一面たいへん危険なことです。

師匠を持つということは人生の幸せなんです。師がおる限りは、まだまだ伸びる余地があるわけです。師は眼の上のタンコブみたいで気ぜわしいものですが、その気になるところが薬になるのです。

＊

上に重石《おもし》があると、たくあんはお互いになじみ合い、親和性を発揮しますが、重石がないとお互いに争い合うものです。

＊

師とは人間の師だけではなく、天の声、地の声、風の声、病気、災難すべて師と考えれば、そこから何ものかを学べるということです。私は宗教というものは「学ぶ」姿勢、感謝する心、それにつきるんじゃないかと思っています。

◆坐って零《ゼロ》になる、それだけ

人は生き方に迷ったら、原点にもどるべきです。原点とは零のことです。零にして初めて新しい道が見えてくるのです。坐って零になる。

＊

人の心が疲れるのは、先行きを考えすぎるからです。今から先を考え、どうすべきかと細かに対応を考えても、ほとんど役に立ちません。とくに寝ながら考えたことはすべて妄想で、ものの役に立ちません。先のことをくよくよ考えるより坐禅、読誦《どくじゅ》して念の力を強くすることです。

＊

心が重いときは、たいてい潜在生命が乱れていたり疲れているときです。心のリズムを調えるには時間を切った生活設計を立てることです。それから新しい行、つまり坐禅とか読経《どきょう》などを生活にとり入れることです。そうすると生活や心に新しいリズムをつくりだすことが可能です。まず、心を零にして実行してみることです。

＊

坐禅は心を零にすること、つまり無念になることで心の疲れや潜在生命の乱れを癒すものです。零の状態は、もともと自然のありのままの姿です。零には無理もありません、ムダもありません、本来の心の姿です。

＊

われを生かす法界の実相（ありのままの姿）を念ずるとき、その実相の無の力が、わが心の無の力となって生まれてきます。念じなければ心の力は生まれません。念ずれば無の心が働きだすのです。

＊

生命の磁場を清浄にし、乱れをとることが読経の功徳です。坐禅の功徳です。

＊

合掌して心を集中していると、手のなかが熱くなるのを感じます。プラーナ（生気）が念の集中によって集まり、それが熱化するのです。不安だ、心配だと思っていても、何の解決にもなりません。この「合掌瞑想」を実践すれば、いつの間にか心の陰が消えて陽に変化していきます。

＊

暗いイメージを持つ人は、暗い相がおおい隠す。正しい信仰は、この暗いイメージを除去する力を持っています。読経すると読経三昧の底力が生まれ、この三昧力が暗い相を転換させるのです。

＊

信仰の第一歩は懺悔《さんげ》です。暗い心のイメージを除き去ることです。暗い心の種子こそ人生を乱すものです。どんなに地位があり財があっても、暗い心の種子は時と所をかまわずに出現し、人生につまずきを与えます。

＊

「罰を与える」とか「死ぬ」とかいうおどし信仰は、すぐ止めてしまいなさい。そのようなことをいう信仰集団に罰を与える力はありません。

＊

人生は真剣に生きてみて、初めて分かるものです。真正面から物事にとり組んでみて、初めてそこから教えられ、悟らされるものが生まれてくるのです。

たとえそれが金の苦労であっても、病の苦しみであっても、また豊かさのなかの不安であっても、真剣に観察していけばかならず真実を教えられるものです。つまり現実の大地を苦労して掘り返せば、そこに金銀より勝れた智慧をさずかるのです。

＊

読経・陀羅尼《だらに》(呪文)を声をだして唱えて下さい。心の不安はおだやかに、執《とら》われはゆるやかに、すべてを受け入れる感謝の念が生まれます。

◆「一切皆苦《いっさいかいく》」によって深まる

人の生き甲斐は充実した時間、深化された時間の感じ方だと思う。深化された時間とは苦しみの重み、生きることの重み、自己表現の苦悩などが、ぎっしり詰まった時間です。

＊

困難は重いほど価値があります。困難は人生試験《テスト》の問題です。それを乗り越え耐えぬいたとき、そこにある種の誇りを感じます。その誇りは自信となり、信用となって働きだします。

＊

「こうして欲しい」と願う信心は、母親に対する子どものような信心です。宗教に入るきっかけには、大切な仏縁ですから否定しません。しかし信心も成長しなければなりません。「どんな困難に出遇っても、それを乗り越える力を与えて下さい」と祈るのが、向上の信仰心です。いつまでもご利益《りやく》信仰では心の実力がつきません。

＊

仏教が智慧の宗教といわれるのは、「思惟すること」「疑いを持つということ」それが人生を高める力であることを自覚している宗教だからです。

＊

仏陀は苦を人生の本質と見ることによって、人間の可能性を引きだそうとしました。苦を一種のエネルギーとして、人間を育てる教育法としました。苦（修行）を人生を縛《しば》るものではなく、育てるものとして考えたのです。
悩むことは、人生を向上せしめるバネとなります。

＊

釈尊が「一切皆苦」と、この世の現実をとらえたのは、一切がすべて修行であり修練であるということです。苦を感じ苦に対することによって、現実の表面にだまされず、より内面への追求をすすめたのです。

＊

人は苦しむことなしに、生きぬく力量は生まれません。苦しまずに、物事を成就することはできません。こんな簡単な理屈でも、体験をかさねないと本心から分からないものです。

＊

苦には悲しみがあり、憂いがあり、愛別離苦《あいべつりく》（愛する者との別れ）の苦しみもあります。苦しみを逃げずに心に受けとめること、それが信心への第一歩です。それを心底の願いとして、救いを求めるのが菩薩信仰です。

＊

信仰心を深めるのは、いかなることも修行だと受けとめる深い心です。災《わざわ》いに遇《あ》い、病になったとき、その事実を菩薩の修行と受けとめるとき、そこから智慧が生まれるのです。

信仰して良いことばかりを願い、良いことばかり起こる信仰なら、それはその人を堕落させるだけです。信仰とは自己を教育する心です。

＊

教育の育は、人生において大切な心がまえを育てる意味です。知識だけでは教育ではありません。まず人生には「忍耐」しんぼうする力がないと、社会に根を張ることができないことを教えなければなりません。そして「人を殺すな、盗むな、偽《いつわ》りを言うな」という人間の基本的な倫理と「正業《しょうごう》、正命《しょうみょう》、正精進《しょうしょうじん》」の三項目は、人間教育の要です。正業は「人に迷惑をかけない行動」、正命は「職業を持って生活する」、正精進は「つねに努力すること」です。

＊

四苦八苦のなかに「五蘊盛苦《ごおんじょうく》」という面白い一項があります。若者が肉体的にも精神的にも発育するときは、苦しみが多いということです。「盛んになる」「成長する」という現象の反面には、それと同じ量の苦がともなうのが人生です。その困苦をしんぼうして初めて人間が大きくなるのです。

＊

身体には栄養と運動が必要なように、心にも「信の力」「耐える力」が必要なのです。

それがないと心は不安に悩まされます。

＊

「八風《はっぷう》吹けども動ぜず天辺の月」という禅語があります。八風とは得して（利《り》）損して（衰《すい》）、陰でほめられ（誉《よ》）けなされ（毀《き》）、面前でほめられ（称《しょう》）そしられ（譏《き》）、楽しい苦しいという世間の風です。八風は心を引き締めたり、心をゆるめたりするものですが、いずれの風にも動かされない境界《きょうがい》をつくっていこうという意です。

＊

不運が渦《うず》まくとき、それを災難ととらえるか、「艱難《かんなん》汝を玉にす」と考えるかで、人生は大きく違ってきます。災難と感ずる者は、その苦しみから逃げようとし、艱難と感じる人は、その困難を乗り越えて進む人です。

＊

不運とは、時が熟していないことです。そのときは不運に徹することです。徹するとは静止することであり、学ぶことです。徹すれば時の底に沈潜し、その反動で浮上するのです。

＊

仏法は縁を大事にする宗教です。いかなる縁も仏法化する生き方をめざすのが仏教の英知です。

◆病も尊いいのちなり

身体が老いたり病気になったりすると、妙に季節の変化に敏感になり、健康のときには気付かなかった自然の大気が、身体に響いて感じられるものです。人は弱り、劣り、貧しいときこそ、自然の心を悟ることができるのかも知れません。

＊

病を持ったままの健康、老いを持ったままの元気、死を背負っての生、波乱を含んでの安泰な人生、それは体験と思惟によって生まれるものです。

＊

病気になったとき、信仰者の心がけは自分の力で治すという努力をしないことです。悩みと不安を増すだけです。病んでいる身体は医療に、心は菩薩の心にまかせてしまうことです。自分を零にしてまかせれば、自然が癒しの働きをしてくれます。病気も生命の正しい表現の一つです。病と対立しない心が大切です。

病気を恐れてはなりません。病気は身体に対する攻撃ではありません。健康を回復しようとしている苦しい営みだと考えて下さい。

＊

病を素直に受け入れましょう。病気を生命の親心と受けとめ、味方にしましょう。病気は一生懸命、もとの健康にもどろうとして活動している姿です。病気にかかっている細胞の力を念じ、その細胞に感謝しましょう。合掌した掌を病処にあて「有難う、有難う」と声をかけなさい。全身の生命細胞は、その念に感応し癒しの力を発揮します。

＊

病と健康との間には区別はありません。生命の本源を悟れば、病もまた偉大なる生命力の操作の一部です。生命の本源にとっては、健康も病気もともに同じ生命の働きです。

＊

釈尊は、子を想う母に対して「『これはわが子なり、これはわが財なり』と言うことを止めよ、われすらわれにあらず」とのべています。細胞一つ一つ、みな自分のものではありません。病気の人のために、病んでいる細胞に声をかけて下さい。「有難う、頑張っているな」と励まして下さい。声をかければ、細胞も元気になります。声をかけることは、生きる上でとても大切な妙音です。

＊

病者に対するスピリチュアル・ヒーリング（精神療法）の基本は、どこまでも看護の心です。病者に対して「かならず良くなる」という思いをつくりだすことです。家族、友人がすべて「良くなる」というプラスイメージを発信することです。「看」とは「見守る」「思念する」という意味です。精神的念薬を限りなく与え、病者の活力を引きだすのです。

＊

身体と心とは夫婦のようなものです。一方が落ちこんでも、一方がこれを助け励ますのが夫婦の在り方です。身体が病めば心が励まし、心が病めば身体を動かすことです。

＊

心を停止すると、宇宙とつながっている自分を発見するのです。宇宙とつながっている生命の本質が、心に安定感を与えます。ですから禅瞑想は病気だけではなく、生命そのものの偉大なる回復力を養うほとんど唯一の方法です。

＊

細胞の生命は私全体の生命とつながり、私の生命は他の生命系とつながり、そして宇宙の生命につらなり、虚空の生命につながっているのです。

私たちの心の世界というのは実に不思議な世界で、この小さな一個の生命体に、全法界のすべてが隠されて包含されています――そのことを悟る。悟って生きる。それを教えたのが仏教です。

＊

微塵《みじん》のような生命体に大きな世界が全部入りこんでいるということを「一即一切《いっそくいっさい》、一切即一」といいます。たとえば小さな杉の種子に、やがて巨木に成長する要素をすべて含んでいるのと同じです。また私という生命体が宇宙のすべての働きを含んでいるといえます。

この「一即一切」という縁起の原理こそ、これからの人間の生き方を示す英知に他なりません。

Ⅳ　煩悩が何より好きという人へ

◆輪廻転生《りんねてんしょう》とは新しい生き方の発見

釈尊の教えは人間の欲に対する自制心を教えたものです。空腹を満たすために食事をしますが、腹のなかに十分に入ってしまえば、美味しかったとか、まずい食事だったということは消えてしまうものです。男女の欲望だって同じことです。

つまり欲というのは不思議なものです。欲望は欲の目的を達成すると消えてしまうものです。すっかり欲望が崩壊してしまって死んでしまう。それは食欲とか色欲とかということだけではなくて、あらゆる人間の欲望は、みな成就すると滅びてしまうという運命を持っているといえます。

この欲望の方程式が分かってくると、人生というものが見渡せるのではないかと思います。欲望が生まれると、しだいにその幻想がふくらみ、その欲望が成就すると、欲望は死んでしまう。このくり返しが輪廻転生というわけです。お釈迦さまはその真実を悟られ、欲望による輪廻転生を超えようとされたのです。その超越の教えが仏教だといえます。欲の本性を見究《みきわ》めることが、仏教の第一の悟りです。

欲望が生まれる以前に回帰することが、欲を超えるということです。

＊

釈尊は在家に対して、禁欲を押しつけることはありません。限りなく拡大しようとする欲望というカルマ（業《ごう》）の本質を徹見し、自制のない欲望は自らを亡ぼすだけだとのべているのです。

＊

カルマとは「行動」と訳されます。私がここにこのような自分として、このような環境にいるということは、過去からつみかさねてきたカルマ、潜在力の発現によるものです。

このカルマ現象世界は、生成と消滅をくり返している渦《うず》の流れです。現象として見える世界は、宇宙全体の流れのなかの一過程にすぎません。この生成し発展させる力、それをカルマというのです。ですからカルマは自らを生成し、自ら完成、消滅していく働きです。

＊

欲求、欲望というのは生命そのものに具わっている向上心です。いかに自己実現するか、いかに拡大し相続するかは、欲望のエネルギーです。欲というものと正面から向き合い、新しい価値観を仏教理論のなかに見出さねばなりません。

＊

何回も何回も失敗したり、挫折することを体験することによって、より高い新しい生き方を発見していくことこそ輪廻転生といえるのです。人は失敗をくり返しながら、新しい生命力をよみがえらせてきたといえます。

＊

仏教は煩悩《ぼんのう》（欲）という人間の本質を、いかに処方するかということに腐心してきました。初期仏教では、煩悩を悪の根源として禁欲的生き方をすすめていました。しかし煩悩を滅することは人間そのものを滅し、活力のないものにしてしまう矛盾をかかえています。大乗となって煩悩即菩提《①ぼんのうそくぼだい》というとらえ方によって、人類最大の難問題を解決したと考えます。

①煩悩がそのまま悟りの縁となること。

＊

欲望は執着性がともないますが、その執着性をわれわれは生きる力としていることも事実です。その現実的矛盾に、宗教へと向かわせるものがあるのです。

文明によって生まれるゴミを、資源として昇華させるのは文明苦の英知です。煩悩という エネルギーを菩提という聖なる次元に引き上げるのは、煩悩苦という偉大なる英知によるものです。

＊

◆八万四千の煩悩を八万四千の悟りに

内なる眼をつねに開いていないと、自分の立っている場所がしだいに消えてしまう不安と恐れに悩まされます。内なる心を大切にしないと、自分が自分でなくなるのです。外に求めるものは、いつかは裏切られることがあります。ですから外にばかり心を奪われていると自分がなくなり、不満と欠乏感におそわれるのです。

＊

最近ふと思うのです。少なくとも私は僧形《そうぎょう》をとり、ささやかな道心を持って、今日まで生きのびてきたが、少しも人間的に高まっているようには思えない。人間なんてそんなに偉くはなれないのだと思ったり、また求道心が足りないのかも知れないと思ったりしています。しかし、この世に生まれて仏法に出遇《であ》ったことに、限りない満足感があることだけは声を大にして宣説することができます。

＊

仏陀の教えには八万四千の法門があるといいます。つまり大道を明らめる道は、一種類ではありません。人の性《さが》にしたがって、仏法は誰にでも開かれているもので、一教一宗のものではないということです。

煩悩も八万四千種あると説かれます。つまり煩悩の数だけ法門があり、煩悩という己れのクセを通して道を究めることを示したものです。たとえば怒りっぽい者は、その怒りがどこからやってきてどこへ消えてしまうのかと、疑問を己れに向けさえすればその怒りの本性を悟るのです。つまり煩悩も自分の大切な心ですから、それを外へ捨てたり他人に向けたりしないで、身内に向けることによって八万四千の煩悩は八万四千の悟りになるということです。

＊

禅というとすぐに「悟っている」「悟っていない」「偉い」「偉くない」を口にする。悟ったらそこで終わりということを知らないのだろう。生きている限り迷いもあり、ため息もつく。迷いがあり苦悩があるから、向上しようとするのです。禅者はもっと迷い、もっと狂わねばなりません。狂気のない禅者は死んだも同然です。

＊

最初、禅に出遇ったとき、ある和尚から「禅語に〈善悪不二《ふに》〉とある。これを示してみよ」と問題をだされた。そのときは分からなかったが、善があるから悪があり、悪があるから善があるので、善を立てなければ悪も立たない、という不二法門《ふにほうもん》（二つの対立がない教え）が禅の要であるとあとになって分かったものです。つねに問題をかかえていることが大切です。

＊

①曼荼羅《まんだら》とは生と死が無限性につながりながら、融けこんでいる姿です。仏・菩薩の世界（位）のみでは曼荼羅とはならない。そこに六道《ろくどう》（地獄・餓鬼・畜生・修羅・人間・天上）の深淵なる迷いが、無限無底の曼荼羅として明らかに現われていなければなりません。

①宇宙の真理を仏・菩薩等を配して表わした絵図。

◆遊びの心で生きる

「遊」という言葉は仏教で遊行《①ゆぎょう》、遊戯《ゆげ》というように使われますが、もともと「存在する」「しつつある」というような意味があるといいます。遊びには新しいものへの創造的行動があります。遊びには自由な心の豊かさを育てる場があるように思います。人間にとっての未来は、きっと「遊の心」が生き方の中心に据《す》えられる時代ではないかと考えます。遊戯三昧という仏教語には「何ものにも執《とら》われることなく、自分の能力のままに生きる」理想的人間像が浮かんできます。

①修行者が自由に巡り歩いて修行し、教化すること。

＊

仏教でいう「自由」「自在」という意味には、欲望に支配されている自己からの解脱《げだつ》という意があります。つまり、人間にひそむ我的エゴ（カルマ）からの脱却が、自由といい自在という意味です。一般にいうエゴ拡大の自由とは違います。エゴ増大の先端には滅の一字がぶら下がっています。

＊

仏法では無執着を説きますが、執着がなければ物事は成就しません。ある意味で「存続する縁」とは執着性を持っていることです。執する生命力がないと成熟しません。ですから執する心を否定するのではなく「存在はすべて因縁によって生じるので無自性《むじしょう》（本性を持たないこと）である」と悟ることを無執着と説いているだけのことです。無自性というのは部分に執われず、因縁としてある全体からものを見ることを教えているのです。

＊

悩みを離れて悩みは解決しません。悩みながら修行をつづけるところに、悩みを超える智慧が輝くのです。修行しながら悩み、悩みながら修行するのが仏法です。

＊

苦しみこそ生命欲の象徴です。その困苦に徹して初めて、生命力は耐える力へと変化するものですから、困苦を乗り越えるには耐えることに喜びを求めていく以外にはありません。

＊

自分のカルマを変えることは難しいことです。それを変えることができるのは修行（タパス＝苦行）の熱によって自己を柔軟にする以外にはありません。

＊

運というのは姓名や家相などを変えても、結局ムダなことです。本当に運を変えるということは〈自分を変えること〉です。自分を変えれば〈生き方〉が変わり、生き方が変われば〈運気〉も変わります。

＊

災い、病気、失敗というのは人にとって負の価値ですが、その負の価値こそ、自己否定の修行底《てい》に他なりません。自己否定によって、新しいより高次な智慧が開かれるものです。

＊

「①大死一番《だいしいちばん》、大活現成《だいかつげんじょう》」――死という否定観に徹し、その底から自在な活力を生みだす言葉です。死を追い詰めると新しい生が開き、生を追い詰めると無心が顕《あら》わになります。

①従来の思慮分別をすべて投げ捨てたところに、新たな生き生きした生命がよみがえること。

◆ただあなたのために仏はきた

「生かされている」ことに感謝できる人は幸福な人です。恵まれながら、恵みを欲しがる人は不幸な人です。

＊

欲には二種類あります。一つは意欲（精進力《しょうじんりょく》）です。道を求める心も意欲です。意欲によって意識は動くのです。

もう一つは貪欲《とんよく》です。ものでも力でも、自分ひとりじめにしようとする欲望です。欲望の力によって、すべてを自分のものにしようという幻想です。仏陀がいましめておられるのは、貪欲であって意欲ではありません。

＊

自分のことばかり求めていると、心が汚れていきます。心の汚れをとるためには人に役立つことをしたり、信心によって心を清澄《しょうちょう》にするのですが、どうかすると心が汚れるような信仰、心が貧しくなるような行動をしていませんか。

＊

エゴとは自己の力を他に還元できない循環不能の状態のことです。

＊

グループでも個人でも、閉ざせば自分を守るようですが、結果は逆に活気を失います。開けば活力が出てきます。というのは、生命力、活力というものは、他からエネルギーをとり入れることで増大するようになっています。つまり他とのエネルギーの交流が起こらなければ、活気は上昇しないのです。これが生命の姿です。

＊

澤木老師は若い頃、丘宗潭《おかそうたん》老師（一八六〇〜一九二二）が「安心《あんじん》」を求めにきた学人に対して「お前ひとりくらいの安心は、どうでもいいではないか」と突き放したことが、強く心に残ったと告白しております。私もこの話を聞いたとき強烈な印象を受け、生涯忘れることのできない言葉になりました。

「ひとりだけの悟り」に安心できるような安心なら仏法はいりません。ひとりじめの悟りぐらいつまらぬものはないと思う。「衆生とともに悟りを開く」という心の開放性がなければなりません。

＊

無我になるということは、自分というものが拡大し、人々に対する縁が、みな自分の縁と結びついていることを実感することです。他者が自分の縁と同化していると実感すれば、その生き方はおのずと無我行にかなっていくはずです。

＊

茶道のお稽古を見ていると、初心者はいかにもお茶の稽古をしていると分かります。一々気を配って全身に力が入っています。本物の名人の域に達した人は、名人らしい姿を見せない、むしろ凡を打ちだしています。飾り立てたり、もったいぶったりしている人に、本物の名人はいません。

＊

美味な料理はあきがくるものです。真の味というのは、淡白なものです。奇をてらうようなことをしてみても、結局あきられてしまうものです。

＊

仏法はただひたすらに真実の自己を明らめ、衆生の福利となる行動をとること以外に何があるでしょうか。

＊

国王たちが「仏陀よ、どうしてあなたが老僧の看病をされておられるのですか、他にもたくさんのお弟子がおられるのではないですか」と、けげんに思ってたずねますと、仏陀は「如来（私）がこの世に出現したのは、このように苦しみ悩み困窮していても、誰も守ってくれない人々のために現われたのです。病気に苦しむ人、道を求める人々、身寄りのない貧しい人々に奉仕するのは、陰徳をつむことになるのです」と。

＊

人間というのも樹と同じで、表に現われている幹や枝葉で栄えているわけですが、枝葉ばかりではなく、表に現われてない根によって支えられているということを忘れがちです。陰徳という報酬を求めない奉仕の心が消えるのは、目に見えない根っ子の部分に栄養がまわらず、しだいに根が細くなって、人として生きる力が弱くなっていくのと同じです。

◆信とは宇宙的力に降参すること

「自分は一生懸命に信仰しているのに、少しも功徳が現われない」と言う人がおりますが、自分で自分の一生懸命を計ることはできません。そうではなくて、自分自身が高まるようにと祈ることです。

＊

「感謝する心」――その心に神仏が感応するのです。ですからすべてに感謝する心になれば、そこに神仏はつねに現前しているのです。

＊

祈りの階梯《かいてい》。
(1)願いごとを祈る（幸・不幸は外からくると考えている）。

(2)懺悔滅罪《さんげめつざい》の祈り（幸・不幸の原因は自分のなかに潜在していると気付く）。
(3)感謝の祈り（感謝の心の不足が不足を生んでいた）。

＊

信仰するということは、心の依り所をつくることです。依り所があれば生きる力となります。

＊

「信ずる力」とは常識のカラを破って、本来具わっている宇宙と一体の生命力が働くといえます。「信ずる」ことによって、自分自身で頭から決めてかかっている自分の力を、宇宙的な力に変えることができることを教えているといえます。つまり信じない限り、何事も変わらないということです。自己変身は信ずる力によってのみ可能であるということです。信ずるという力の大きさ偉大さを物語っています。

＊

念ずるところに生命が働きかけます。念ずるには、まず「認める」こと、そして認めたものと一体となること、つまり信ずることです。知っただけでは、生命の隠された力は動きだしません。

＊

仏さまを信ずるということは、仏さまが私たちを信じているということです。私が仏さまを心から念ずるということは、仏さまが私を念じておられるということです。仏さまの心と私たちの心とが一体となったとき、初めて信心の喜びを感じます。

＊

人は人を好きになって、初めてその人の内在している良さを発見するように、仏教も本心から好きにならないと、仏教に内在する無数の英知を見出すことができません。仏典の表面だけを読んでいたのでは、表現し切れない英知の存在を見落としてしまう危険があります。

＊

お経や陀羅尼《だらに》そして坐禅でも、仏陀や仏法に対する帰依《きえ》①の心がなければ、いくら修習《しゅじゅう》しても心の進歩はありません。仏陀の教説のすべてを受け入れることのできる器をつくっておかないと、坐禅も単なる心の安定にしかなりません。坐の持っている本来の力や智が生まれてきません。つまり信や帰依の心がないと、どうしても自分という小さな枠から一歩もでられないのです。

だから仏法を学ぼうという志を持ったなら、まず仏教の教えのすべてを信ずるという決意をしなければなりません。自分の小さな枠《わく》で、枠にあてはまる教えは本当だと思い、自分の枠にあてはまらないものは本物じゃないと思いがちです。私などもそういう標準をつくって、ものを考えてしまうことがあり、十分に気をつけなくてはならないとつねに自省しています。仏法とは自分中心を捨てる修行に他なりません。

①信じて依り所とすること。

◆苦痛・束縛が執着心を除く

人はそれぞれの価値観を持って生きている。しかし人の価値観はたいてい利害得失を基準としてつくられています。だから価値観とは一種の「思い込み」にすぎません。そのことを熟考しておかなくてはなりません。

＊

執《とら》われとは一種のクセです。クセは自分では意識できません。

＊

人はさまざまな生き方のクセを持っています。そのクセによって生きる力を支えています。「偉い」とか「平凡」とかいうのは、クセが強いか弱いかの相違です。

人は己れの尺度でしか他を計ることができません。もっと長い尺度（単位）を、心のなかにつくるべきです。それには修練によって見識を高める以外にはないといえます。

＊

うっぷんを晴らそうとすると、たいてい自分の首を締めることになるものです。

＊

苦しみは対象から金縛《かなしば》りされた状態です。その金縛りは対象物にあるのではなくて、自らの良くありたいという執着性によるものです。

＊

人は欲があるから苦があるのではありません。執着力が強いため苦しむのです。

＊

坐は足を組み、じっと不動でいなければならない。しかしその身心の束縛が、身心の老廃物を排泄《はいせつ》していると信じて欲しい。人は苦痛を与えられているときは、心の執着心が除かれているという妙な作用を持っています。

＊

人にはそれぞれ長所もあれば欠点もあります。ところが案外気付いていないものです。

欠点を気にするより長所を見つけて、それを伸ばすことがいいのではないか。それは人の欠点をあれこれ言うよりも、その人の持っている長所を発見することです。

＊

英語のディスカバー（発見）という言葉は、カバー（覆《おお》い）をディス（除く）ということで、覆われている心のカバーを、三昧（坐禅）の力でとり除くことが、新しい自分の発見につながると考えます。

V　いま人類に危機感を持つ人へ

◆地球は西欧・東洋一つの頭脳

禅は「犯さず犯されない生き方」を教えます。つまり人々の人間性を犯さず、犯されない生き方です。豊かな生活で人間性を腐らしてしまってはなんにもなりません。現代は豊かすぎる財産で、人間性が犯されているというべきです。

＊

「過ぎたるは及ばざるが如し」という諺《ことわざ》がありますが、「過ぎたるは悪である」といいたい。すべての現象はすぎると悪に変化するのです。これを中道《ちゅうどう》の理《り》というのです。

統制が厳しくなりすぎると人は不活発になり、ゆるめすぎるとわがままになり腐敗します。欲望もすぎると貪となり、重荷を背負って歩くようなものです。

＊

仏陀たちは森のなかにあって天眼通《てんげんつう》を養い、人間の「過ぎたる行為」に対して、町々を巡り警告を発しつづけた宗教です。人の行いは、どんな立派なことでも「過ぎる」と劣化し悪化するものなのです。人間欲のすぎたるをたしなめ、瞋《いか》りや権力のすぎたるをおさえ、知性のすぎたるをいましめたのは仏陀釈尊です。

①未来の世界を見通す英知。

＊

陰が究《きわ》まれば陽に転じ、陽が究まれば陰に転ずるのが天地の法理です。陰（塞《ふさ》がり）になると凝縮し結束が強くなりますが、すぎるとすべてに貧しくなります。陽（開き）は開放的で豊かになりますが、すぎると統一がとれなくなり混乱におちいります。

＊

中国の陰陽説から考えると「陽」は発展発達、競争、征服、功利、合理性という気風があります。これは西洋文明の気風です。これに対して、「陰」は没我的理想、内省的知に勝れています。これは東洋文明の気風だといえます。陽に傾きすぎると疲労度をまし、闘争にかられ、人間性までむしばんでしまう。陰が強くなると隠遁《いんとん》的になり活力を失います。

＊

西欧思想の根幹には、つねに「あれか」「これか」という二者選択説がひそんでいます。「身と心」「人と社会」「神と人」「希望と絶望」など、二者対立比較のなかでものを考えるクセがあり、それはそれとして明確な論理が確立し、人間向上にきわめて重要な思考方法です。しかし、それが唯一であると確定してしまうと、混乱と対立が発生しやすい要因にもなります。

これとは逆に東洋には同一性という思考があり、その結果、主体性が同一性のなかに埋没してしまう恐れがあります。主体性がないということは、責任の所在を曖昧《あいまい》にしてしまうという欠点があります。仏教の縁起説、空論も、どうかすると同一性のみに考えが傾き、相互関係の理が自己責任のあやふやさを露呈しているように思えます。

＊

脳には右脳と左脳という働きがあって、全く異なった領域にありながら対立することなく、相互にその働きの違いを認め、しかも協力して現実に補完し対応しています。これを仏教では中道といいます。未来社会の在り方を暗示していると思います。

＊

地球上の文明というのは、西欧の左脳の機能と東洋の右脳の働きを持っていて、全く異なる位置にあって、しかも互いに融合しながら、しかも独立した働きを持っています。地球そのものが一つの頭脳のように思えます。

*

仏陀は半眼で坐っています。智の外を開けば文明となり、智内を深めれば文化となります。中道の姿勢が半眼に象徴されています。自他が①感応道交《かんのうどうこう》している姿を中道といいます。

①互いにへだてなく通い交わること。

*

意識的文明と無意識的文化の融合、それが人間の智慧です。意識も過剰にならぬよう、無意識の働きも過剰にならぬようにつとめるのが、人類の智慧であって欲しいものです。

◆人は食べて生き、あとは飾り物

「人は食べて生きてゆくだけ、あとはみな飾り物」という人生観を心に悟って生きれば、幸せを求めすぎることによって起こる災いはなくなります。

*

倫理道徳のくずれを嘆く声が強い。根本は「信」にあると思う。信は「人の言《ことば》」と書きます。人と人との交流、人と人との共同、つまり自他一体の感覚が信です。信の失墜《しっつい》が社会の乱れです。人を思う心の欠落がくずれです。

＊

「信」は、人の言です。言葉の交換によって互いに信が生まれるのです。言葉とは「心の色」です。言葉によって精神的共通の土台が生まれ、信が確立するのです。仏を信ずることで仏と自己との交流が起こり、共通の心となります。

＊

東洋には天・人・地の思想があり、天・人・地はそれぞれかかわりを持ち響き合っているものです。つまり天が乱れれば地も人も乱れ、地が地力を失えば天も人も弱体化し、人が汚れれば天も地も汚れ、乱が起こるといいます。

＊

子どもたちの犯罪が問題になっています。人の育成には多数の人々とのかかわりが大切です。現在の子どもたちは、ものとのかかわりがあっても、人とのかかわりが少ないと思う。それが心の空洞化を起こしているのではないだろうか。

＊

自国の文化に根ざした教育でなければ、みな砂上の楼閣です。頭だけの机上の文化は結局、色がはげてしまうものです。

＊

教育は人間生命の尊厳性と自分の能力資質の可能性を、自分で気付くような教育が最高です。人が自らの生命、他者の生命の希有《けう》なる存在に気付くこと、そのことを教えるならば、とり立てて倫理を教える必要はなくなるはずです。

＊

本当の「豊かさ」とは、思考の幅が広くなり思考細胞が豊かになることです。これとは逆に、「貧しさ」とはものの見方が偏狭になり、人間性が栄養失調になってしまうことです。さて、あなたは「豊かな人」ですか、それとも「貧しい人」ですか。

＊

教育はさまざまな価値観を学び、それを選択する能力と意力とを養うものでなければ、意味がありません。

＊

自然現象には恵みの雨もあり、恵みの風もありますが、同時に台風、地震、噴火、洪水という、自然の厳しい現象もあって初めて自然なのです。

＊

樹木も一種類の林では滅びやすい。多種多様の植物が交り合って森を守っているように、文化、組織あらゆる方面においても同じことがいえます。

＊

一心というのは潜在生命のことです。仏教ではこれを①清浄心《しょうじょうしん》ともいいます。大地を掘って、この一心という潜在生命から見れば地上の草木、動物に区別はありません。区別があるのは地上から見るからです。しかし地上は種々の差別相があって存続しているので、地上を単一化すれば死滅してしまいます。

①分別を離れた本来清らかな心。

＊

人の好運・不運というのは、時代のリズムに乗るかどうか、あるいは現在おかれている場所の相《すがた》にすぎません。美しい花がかならずしも果実を結ぶとは限らない。草原の植物にはさまざまな姿形があって豊かな全体なのです。自分の運にばかり眼を向けてはいけません。

◆助け合える社会こそ仏国土

単純かも知れないが、苦しいとき、困ったとき、助け合える社会、それがいちばんの理想社会ではないだろうか。サンガ[1]という精神は、この助け合いの集団に他なりません。仏国土とは華々しい文明社会ではなく、助け合いの心に満ち満ちている世界です。

①多くの修行僧が和合して一ヶ所に住む叢林《そうりん》のこと。

＊

宗教はある意味で、社会の発展と人間性との調和を計るアクセルとブレーキの役割をになっています。社会の発展によって起こるさまざまな矛盾を解決すべき使命を持っているといえます。

＊

仏教学はただ出世間の真実追求のみでなく、世間学の分野が裾《すそ》長くあってしかるべきだと考えます。そうでなければ、仏陀の教えが世間に住んでいる社会全体の指針となり得ませんから。

＊

経済戦争といいますが、経済至上主義は、軍国主義と同じレベルのものです。つまり他を破壊し、他の利益を奪うという点で同質です。マネーそのものを武器として、そこに人間存在の価値は消えている世界です。

＊

近頃思うのです。こうも世間が変化しゆれ動いていたのでは、人々が求めて止まない「安らかに暮らす」という人間の理想がくずれてしまいます。それは従来の経済学そのものに欠点があるのではないかと思います。数量の大小のみを柱とするのではなく、安定した生活がいかにすれば可能なのかを研究する学問であって欲しい。マルクスは労働を人間性から引きはなし商品化してしまったし、アメリカ資本主義は労働を自由なる競争という魂をすりへらす果てしない泥沼に引きずりこんでいるように、素人である私には思えてなりません。これからは、人間の生活の安寧《あんねい》と人生の文化性をとり入れた新しい経済学が生まれることを願っています。

＊

経済にせよ、文化、思想、宗教にいたるまで、グローバル（地球規模）化は、文化そのものを亡ぼしてしまいます。グローバル化とは一者による世界征服のことです。いずれの文化、宗教であっても、多様な生活、多様な様式、多様な考え、信仰があって、初めて人間らしい世界が「和」という道理において実現するのだと考えます。

＊

プラスのみを考えてきた経済学は、マイナスを捨てるという合理主義に基づいています。しかし、その合理主義そのものが人間の我欲《エゴ》ということに気付かない。マイナスを捨てたため、逆にゴミ的価値が膨大に人間生活をおびやかしつつあるのです。

＊

大きいことはいいことだとする拡大志向は、大きなゴミの山をつみ上げていることに気付かない。

＊

科学文明も経済も、考えてみればすべて人間の生きる道具にすぎません。その道具に振りまわされている現代は賢くなったのか、愚かになったのか分かりません。

＊

百年未来に立って現在を顧みることのできる英知を天眼通といいます。目先の考えには、現在の利害という行動方向があるので正しくは判断できません。また百年むかしに立って現在を考える英知を宿命通《しゅくみょうつう》といいます。歴史のなかの現在の位置を知る力です。

＊

繁栄のなかで、貧富の差がますます拡大しているような気がします。それと同時に心の貧富も広がっているように思う。心の貧しさは人間を弱体化させ、低俗化させるだけではなく、ますます魔性化していくように思えてなりません。

＊

銀河系宇宙は現在拡張しつづけているそうです。そのためでしょうか。欲界である人間社会も、欲望の拡張を進化していると錯覚しているようです。

◆自由は悪魔に豹変《ひょうへん》する

欲望の根っ子にあるものは、自由という恐ろしいほどの広がりです。底なしの自由に何を求めるかが問題です。

＊

どんな利益社会でも、道理のない社会は永続しません。道理があるということがこの世の存在の条理だからです。

＊

自由というのが人間の進歩をうながしているように思えますが、人間社会にあって、その自由に自律（戒）を失うと、自由の精神は残酷な悪魔に変身することを忘れないで欲しいものです。

＊

地球の温暖化と同じく自由化によってすべてがゆるみ、豊かさ、心地よさ、暖かさのみが広がっています。しかしそこから起こるであろう結果を考えると、なんとも恐ろしい人間のくずれていく姿を想像してしまいます。現代文明と人間の心とは切っても切りはなせないのなら、恐らく現代の文明の方向は間違っていると断言できます。

＊

現在『首楞厳経《しゅりょうごんきょう》』の五十魔境《まきょう》（悪魔の境地）について解説文を書いていますが、五十魔の魔境は、人の身心に心地よさを感じさせる状態が出現するものです。人も自己満足できる状態に心地よさを感じるとき、それは一種の魔境に入っているといえます。その点で、現在おかれている文明の便利さ、心地よさ、豊かさ、自由という人間にとってよかれと思うものは、実はドラッグ（麻薬）的な豊かさで、それこそ魔境にひたり切っている状態にあると思います。時空の便利さは、人間にとってかなり危険な方向であることを忘れてはなりません。発展発達という美名のもとで、どんどん魔境に突き進んでいるのではないだろうか。

＊

競争の激化による繁栄は、なんとも虚しい充足感にすぎません。人の体も心もゆとりがなく、それによって追い詰められ、人間性の破壊へとつながっているといえます。「撃《う》ち方止《かたや》め」という澤木老師の言葉は重い。

＊

脳の話のなかに「人間の脳には一つの欠陥がある」といいます。それは「今の行為が将来どのような結果をまねくかを予知する洞察力に欠ける」というのです。そのためだろうか。人間は自然を利用するだけ利用し、楽しさ便利さを覚え、環境を壊し、他の種をおびやかしていることが、将来どうなるかという危機感があまりにもなさすぎます。仏教でいう天眼通の欠如です。天眼通とは未来を見通す能力です。この英知を養うことの大切さを仏陀は説いています。頭脳を超えた英知が宗教には求められているし、そして必要なのです。

◆文明のスピードにすり切れていく魂

幸せとは安定していることです。左右上下にゆれても安定している状態が幸せです。増大を願う心は安定を破る要因です。

＊

人は内外ともに静かな時間を感じられることによって、安心感が生まれるのです。文明の発展もこの「安定」「安らぎ」を求めているのに、現代では逆に不安定感、焦燥感《しょうそうかん》が増大するのはなぜでしょう。何事にもスピードとわずらわしさがつきまとっている文明だからです。

＊

現代文明はスピード（時間）との戦いといえます。それについて思い出すのは①帝釈天《たいしゃくてん》の一日一夜は人間界の一〇〇年にあたり、②兜率天《とそってん》の一日になると人間界の四〇〇〇年にあたるということです。時間の観念はそれぞれによって異なり、早い遅いはあまり意味がなく、時間は時間を超えているのが真実です。仏教の時間の単位は、宇宙的《マクロ》には劫《こう》（カルパ）という永遠を計る時間単位があり、細分化《ミクロ》された時間の単位に刹那《せつな》（クシャナ）があります。一弾指《だんし》（指をはじく一瞬）の間に身心、物質は六五の刹那の生滅があり、一日一夜では六四億九万九九八〇の刹那の生滅、生死があると説きます。

①欲界六天の第二忉利天《とうりてん》の主。

②欲界六天の第四天。

＊

スピードは異次元への介入です。二〇〇〇年に起こったコンコルド墜落事件は、まさしく「スピード」という魔境を暗示しています。

＊

人間の文明は、自然の時間を破って人間だけの時間をつくり、スピードこそ最高の能力だとしました。そのスピードについていけない者は、人間文明の選手から脱落してしまいます。精神的にも肉体的にも、スピードですり切れてしまいます。これが現代のストレスです。

このストレス現象の結果は、ある日、突然おそいかかってくる悪魔のような不気味さがあります。このようなストレスからのがれるためには、禅瞑想（サマーディ）の実践がもっとも勝れた修行です。なぜかといえばサマーディ効果によって、時間、スピード感をすべて消してしまうことができるからです。

忙しければ忙しいほど、静寂が必要なのです。

＊

「忙中閑《ぼうちゅうかん》あり」という言葉があります。天地自然は一時も休みなく動いていても、天地は寂然《じゃくねん》（寂《しず》かに澄み切っている）として幽閑《ゆうかん》（奥深くもの閑《しず》か）そのものです。

＊

仏教でいう濁《にご》りとは何かといいますと、経では「法爾《ほうに》として性《しょう》あいしたがわず」といいます。法爾は法そのままということですから「自然そのものの本性」にそぐわないことが濁りです。

天地自然はもともと悟っていて迷うことはありません。迷ったり悩んだりするのは、天地自然に逆らって生きているからに他なりません。といっても、私たちは自然のままには生きられません。自然に逆らい、自然を利用しながら、人間が快適に生きられるようにしたのが文明です。しかし文明によって人間性が汚れてしまうことを、仏教では濁りといって警告しているのです。

＊

人は環境によって変化し、その順応性によって変わる動物だとすれば、今日の機械文明や都市文明への順応によって、人間性そのものの質が変化しつづけていて不気味です。

＊

人は対象を意識すると、その対象がなんであれ、それによって影響され支配されてしまう一種の暗示化される動物です。たとえば文明社会を築いて文明に囲まれると、その文明の無機性（物質主義）によって、人は逆に支配されてしまうのです。よくよく注意すべきことです。

＊

①六欲天《ろくよくてん》のなかに、他化自在天《たけじざいてん》という神の世界があります。この神をなぜか「魔王」といいます。この神さまの世界は、他人によってつくられたものに頼って幸せに生きる世界です。現代文明も他の人々の頭脳、技術、金などによって満足して生きている社会で、主体性を持たない他化自在天と何か似ています。現代はその大魔王の時代なのでしょうか。

①欲界に属する六種の天。

Ⅵ 新たな生き方の宗教をという人へ

◆貪《とん》・瞋《じん》・癡《ち》の三毒によって成熟する

仏教が低迷している一つの理由は、社会的働きかけも、個人的働きかけもないからです。葬式などの旧来の消極的寺院仏教とは異なった菩薩集団をつくるべきです。個人の特技を発揮することが可能な仏教が必要です。

＊

求道《ぐどう》する者に宗派はありません。宗派の枠を論じるのは、司祭、儀礼者であって求道者ではありません。

＊

仏教は求道することであって、宗団ではありません。

生命というものは無常そのものです。ですから、つねに転変し、現状を変えていくところに生命の進化があり、それが本質です。変えることを止めたときは、生命も人の組織も退廃です。

＊

既成宗教は伝統保守という名目で形式化を進めている宗教のことです。形式化や組織構造の強化は、宗教そのものの物質化です。宗教はつねに生き生きとした再生活動でなければなりません。新しい精神をとりこみ、それを人間性に生かす働きと変化こそ宗教の役割です。

＊

小乗とはある限られた専門集団で、これがその境界を破って大衆に接したとき大乗仏教が生まれたのです。つまり大乗とは小乗の在家化であり、同時に専門知識を大衆へと開いていく一つの革新的運動でした。

＊

他の分野を学ぶ知的な貪欲、人間性への侵略への憤《いきどお》り、さらには他に対する妥協性、これは思考にとっての貪《とん》・瞋《じん》・癡《ち》です。毒も考え方では薬へと変化します。自在性（執《とら》われのない自由な働き）が大切なのです。自在性が菩薩の本性です。

人はこだわることによって滅び、こだわることによって成熟します。

＊

仏法はこだわりがない教えでありますが、それが長所であると同時に短所ともなり、時には身を亡ぼす欠点にさえなりかねません。他教には神という絶対者へのこだわりがあり、それが強固な主体性をつくり上げる要因にもなっていますが、それがまた寛容性の上で欠点となります。仏教は自在を重視するため寛容がすぎ、他教は一神教のゆえに排他性が強すぎます。この両面の宗教をいかに融通するかが、これからの人類の課題だろうと考えます。この点で仏教の役割は大きいと思う。

＊

仏教と他の宗教との違いは、真実を究明しようとする「観法」と、神の恩寵《おんちょう》を求める「祈り」だといえます。観法的宗教はどこまでも法を観ずるという坐によって法になり切り、それによって法の①相性《そうしょう》を体得するものです。一方、祈りの宗教は絶対者に対して服従し、祈りによって恩恵を受けるという立場です。

①外に現われた姿と、内にひそむ本体。

＊

観は慧を生み、祈りの念は浄信を深めます。

＊

唯一の神を奉じる宗教は、むかしから神の偉大さ、神の全能、神の存在をいかに証明するかに腐心してきた宗教です。これに対して仏教は、人間の「心」の世界がいかに豊かで、複雑で、とらえつくせないものであるかを説いてきた宗教です。

＊

「心」とは何か、この私の小さな肉の塊《かたまり》のなかで立ちまわる働きではありません。「心」は宇宙法界につらなる同質の虚空性です。虚空性ですから、どこを探しても見つかりません。内にも外にも不可得で、とらえどころのないのが「心」です。われわれの生きる世界はすべて一心なのです。「一」というのは主客がないということです。主客がないのが不可得で、不可得は無意識世界です。

◆仏法を現代に翻訳する

本堂の屋根替えをしたとき、屋根裏には無数の太い木、細い木が互いに支え合って、それぞれの力量を生かしているのを見て、感動しました。太い木も威張ることなく、細い木も誇り高く体を張っているのは美しい。

＊

宗教心は味のないものに味をつけ、意味のないものに意味を見出し、すべてを生かす心に他ならないと思う。

＊

日本仏教がさまざまな批判を受けながら、なぜ今日までつづいてきたのかを考えると、その一つの原因は、日本仏教の多様性にあるように思います。人々によって異なった信仰を受容できたからです。中国で仏教が衰えてしまったのは、仏教が官製であったのも原因ですが、禅と念仏とが一色になったからだと思います。

＊

仏教は①縁起説《えんぎせつ》に真実を学ぶ教えです。その意味で仏教は時代に即して新しくとらえるというのが、縁起の教えでもあります。縁起空の教えを固定化してしまって、時代に即応できないから既成仏教というのです。方便とは時代を見据えて、いかに仏法を説きあかすかという智慧です。

①あらゆるものは自ら固定したものはなく、刻々すべてに縁《よ》って起こっていること。

＊

異質の思想・文化をまとめあげ、新しい思想文化を生みだすのは、実践行動です。禅の成立を考えたとき、般若、法華、華厳などの教学を土台として、そこに坐禅という行において完成されたものです。土台なしに実践のみでもカラ回りですし、教学土台のみで坐がなければ、これもまたカラ回りです。進むことはできません。

＊

専門用語を使ってまずい料理をつくる人と、身近な材料で美味しい料理をつくる人とがいます。

＊

教化は専門語を自分の個性において血肉として表現するのでなければ、教化にはなりません。澤木老師はこのことを「物まねするな」という一言でいい切っています。さまざまな仏法表現があってしかるべきです。

＊

私たちは仏法の翻訳者でなければなりません。仏法を現在形に翻訳し、現代社会のなかで分かるように説かなくてはなりません。翻訳能力のない者は、仏法に値段をつけて取り引きする売買人にすぎません。

＊

宗教世界には、いつの時代でも古道と新道とがあります。この二つの道を同じように尊重する見識がないと、道の真髄を見失います。

＊

いかに同質、同型のものを後世に伝承するかということに腐心するのが伝統文化とすれば、その伝統の型を破って、伝統文化の質を解釈し直すのが歴史文化だといえます。伝承にだけ止《とど》まっていると、いつの間にか生気を失い質さえも見失い、ものの役に立たなくなるものです。伝統と現在をしっかり結びつける大切さを自覚すべきでしょう。

＊

宗教、文化とは、ごく普通のことに改めて新しさを発見することです。普通の事柄をいかに深く受けとめるかということです。

＊

「経」とはタテ糸を意味するといいます。古今に貫く不変の法《ダルマ》です。しかしタテ糸だけでは布になりません。人を守る布地にはなりません。ヨコ糸という時代の営みが必要なのです。ヨコ糸という人間の営みが必要なのです。

◆宗派のメガネで法華経を読まない

仏陀というのは「目覚めたる者」と訳されます。人生に目覚め、聖なる領域に目覚めることです。さらに「自覚」という意味があります。自覚とは修行することです。

＊

仏陀の時代は雨季の間、僧たちが一ヶ所に籠《こ》もって修行に専心する九旬《くじゅん》（三ヶ月）の安居《あんご》がありました。今日では資格取得の短い期間でしか行じません。少なくとも毎年一回でも二十一日間の修行があれば、自分自身を向上せしめる時間が持てると思います。一日一回でも読経、坐禅、看経《かんきん》の時間をとり、その間少なくとも五戒を守る。それだけでも僧の質を保つ住持三宝《①じゅうじのさんぼう》であると思います。

①この世に具体的に保たれている仏法・法宝・僧宝。

＊

仏教の教える生き方は随縁《ずいえん》の生き方です。しかし釈尊の生涯を見てみると、立縁の生き方の大切さも教えています。立縁とは自分が自分を修習《しゅじゅう》し、衆生救済の誓願を立てることです。

＊

仏陀釈尊が当時インド宗教社会に与えた大いなる影響の一つは、司祭者を通さずに真理に近づくことを開示したことです。それは司祭者から宗教を解放し、法を民衆のために説きあかすという伝道を開始したことです。それまで法はつねに司祭者側の特権でしたが、釈尊によって求道《ぐどう》は万人の前に開かれ、その遊行《ゆぎょう》伝道によって法は万人の心に直接感応する道が示されたのです。

＊

宗教の教理に固執《こしゅう》している者には「以心伝心《いしんでんしん》」の伝法がなんであるかも知りません。執することが伝統を守っていると錯覚している指導者は、一体何を仏法に学ぼうとしているのか。

＊

○宗というメガネで『阿弥陀経』を読んだり、○○宗というメガネで『法華経』を読むと、仏法としての経典の読み違いをすることがあります。宗派を超えて読める『阿弥陀経』『法華経』でありたい。

＊

禅問答に「山頂に登ったか」という公案があります。山登りの途中は、山の一面しか見ることができません。山頂に立てば、四方八方すべてが同時に眺めることのできる視点です。そこでは宗派というのは、人間がつくったものにすぎないと悟るはずです。つまり頂上では四方八方左右の対立軸が消えています。人間の小ささを感じます。法界の大きさと、見える世界の有限さを学びます。

＊

道元禅師が『学道用心集』でいわれる「見道《けんどう》」というのは、無限なる眼目で無限なる道を見ることで、色《しき》（肉体）としての眼根《げんこん》で見るのではありません。

＊

人間という枠を精神的に突きぬけたとき、禅仏教のいわんとする心がおのずから開けてきます。曹洞とか臨済とか、人間のつくった先入観に汲々としている者にその境界《きょうがい》は見えてきません。

＊

先哲の到達した境界を語るのは、人々を惑わすだけです。先哲のめざした境界をめざすべきです。

＊

八十年の仏陀の人間追求は、生老病死《しょうろうびょうし》の体験とその追求でした。その求道心から輝く英知は、世界の哲学や宗教を超えた至高の教えです。やはりある程度の老齢の峠を超えないと、人間の真実というものは見えてくるものではありません。

◆教えることは自分が学ぶこと

「度衆生《どしゅじょう》」（衆生を度《わた》す）の誓願をこの世で起こした者は、たとえどのような煩悩をかかえていても、それが発菩提心《ほつぼだいしん》の第一歩だと自覚して下さい。度衆生の願いを持つ者は、すでに菩薩の位に入っているのです。これを「初発心《しょほっしん》の菩薩」というのです。それは凡夫《ぼんぶ》のまま菩薩道に入るということです。

＊

これからの禅は、ただ自己追求という禅だけではなく、菩薩禅の世界を切り開くべきです。自分の解脱より利他救済に重点をおいて、人々の心の安寧を願って禅をすすめる使命感を持った禅に進むべきです。そのような方向に仏教の流れを変えていかないと、仏教はインドで滅亡したようにいずれ消えてしまう運命にあるという危機意識を持つべきです。

菩薩禅は無心を願うより有心を願いながら、人生に密着した生きる訓練に励む方向を示していきます。「無」の強調は人生から遊離した仏教へとつながりかねません。

＊

菩薩禅は「有念《うねん》①」を重視します。念は暗在の光明です。心の底から癒す力を持っています。

①分別する今の心を集中させて念《おも》う力。

＊

参禅工夫の工夫とは「心を動かす」ことです。心を動かすことによって、動かない心の実性を知るのであって、ただ坐っているだけでは静寂に呑みこまれてしまって、気力が退化してしまいます。それは現代のパソコンのように、ネットの上に現われるバーチャル（仮想）な現実体にすべてをまかせている生活に似て、人間性そのものがくずれていくように思います。

＊

修行はあくまで個人の心に根ざした宗教的体験から練りあげられるものです。修行と同時に大切なのは遊行《ゆぎょう》です。「遊」とは「人々と交わる」ということで、道理（仏法）を多くの人々に伝えるという修行です。人々に交わることは法を伝えるとともに、自らも人々から人生を学ぶということです。これからの仏教者は、遊行の自利利他の菩薩道に向かうべきです。利他の心がそのまま自己の修行にかさなっていくという在り方です。

育てるということは、自分が育つことです。教えるということは、自分が学ぶことです。ですから仏法を教えなければ、仏法を学んだことにはなりません。人に仏法を伝えることは、自分が仏法を行じていることになるのです。

＊

人から救われたら、人を救う願行《がんぎょう》を立てる。人から励まされたなら、あなたは誰かを励まして欲しい。人から恩恵を受けることだけを考えないで、人に恩恵を分けられる人になろう。心で思っているだけでは、どんなに良いことでも妄想にすぎません。

＊

仏教ではアヒンサー（非暴力、不殺生）という信条を大切にしていますが、非暴力、不殺生がそのまま非力となっているのでは、この高邁《こうまい》な精神も観念で終わってしまいます。非暴力という理念に向かって、世間的に行動を起こすことがアヒンサーなのです。

アヒンサーには「生ける者を殺してはならない」という一面と、「生ける者をより良く生かさねばならない」という積極的な意味があることを忘れてはなりません。

＊

仏陀の一句を聞いたならば、それを自分だけでなく他に伝える宗教心がなければなりません。自分だけの信仰は、仏徳をひとり占めにしている貧しい信仰心です。他に一句を伝え仏徳をほめたたえる信仰こそ、自利利他の菩薩の信仰です。

◆反世俗に立ち世俗救済をになう

小乗というのは「小さな乗り物」ということですが、自己を追求し、悟りを求め、ひたすら法に向かって修行しているときは、誰でも小乗の舟に乗って真実の深奥《しんおう》に突き進んでいくわけです。

心の奥地を究めるためには、小舟でなければ到達できません。これが小乗です。心の深奥、心の深遠を探求し終わったなら、再びまた人々のいる町にもどり人々にこの深奥の真理を説きあかすわけで、これを大乗というのです。

ですから小乗は劣っているといってはなりません。

＊

求道に沈潜しすぎると人生の活力が衰えます。それと同時に慈悲心がうすくなるので、大乗では「慈悲観」という一種の観法をとり上げて、下化衆生《げけしゅじょう》の活力をすすめます。人に教えることは自らも学ぶという心です。

＊

世の中は〈助けたり、助けられたり〉の世界です。助けられることばかり考え〈助ける〉という奉仕の心がない人は、現在どんなに豊かそうに生活していても結局不幸になります。それと同じように、自分の功徳だけを求める信仰をつづけていくと、いつかかならず行き詰まりがやってきます。エゴ信仰そのものが天地の法則にかなっていないからです。

＊

仏僧の役目は、人々が仏・法・僧に合掌することを教え、さらに仏とともに坐ることを訓導することです。導くとは、自らが先頭に立って実践することです。

＊

日本仏教は変な仏教です。仏法開顕の祖・釈尊について、ほとんど知るところがありません。それに対して自分が属する宗祖については、ばかばかしいほどの愛恋《あいれん》を持っています。日本仏教がおかしいと思わぬ者が、どうして仏法を知ることができましょうか。

＊

宗教は人間教育に属するもので、つねに人間性を向上せしめる実践と理念がなければなりません。一つの対象に対する敬愛を深めるだけでは束縛されるだけです。

宗教者は何を行うかということが僧侶自身、気付いていないと思う。宗教が反世俗に立ちながら、同時に世俗救済の任務をになっているということを。そして単に寺院運営、それが仏法相続と考えてはいないだろうか。

＊

仏教学にかんしては現在の日本ほど発展している国はないといえます。しかし学問が盛んなときは、仏教の宗教活動はいつでも衰えている時代のように思います。

＊

今の仏教学は虚学であって、実学ではありません。虚学は概念の机上の整理で、実学は「いかに人々をして仏道に入らしめるか」という誓願力を持つものです。

◆生きる事実に「絶対」を求む

宗教が教線拡張のために産業化するのはどうかと思う。そこから起こる汚染、環境悪化、異文化排除、文化破壊、組織痴呆症など、さまざまな反宗教的産業廃棄物が生まれてきます。

＊

組織というのは本来集団の下にあって人々の土台となり、個としての人々をとどこおりなく活動せしめる役割があるのに、組織が上にあって、下を支配せんとする欲望が生まれたなら、その組織は有害なものです。組織に柔らかさとみずみずしさがなくなったとき、それを既成といいます。

＊

現在インドでは宗教間の争いが深刻化しているといいます。これからは絶対主義や原理主義の宗教は百害を及ぼすだけで、将来の地球共存運命体の時代には適応できないでしょう。宗教が民族主義の結束のために利用される時代は終わらせねばなりません。これからの宗教は「他の宗教、思想、文化を同じ目線で認める宗教」です。他の文化を認めようとしない民族主義、宗教原理主義はまだ未発達の文化だと考えてもらいたい。

＊

仏陀がもっとも大切ないましめとして不殺生をあげたのは、生命への尊厳です。他の生命を犯さないばかりでなく、他の文化を犯さないこと、これも殺してはならないといういましめです。

＊

人は対立すると力がでてくる。だから国家はつねに仮想敵国というバーチャルな幻覚像をつくるのです。それが人間の発展に活力を与えるかどうかは分かりません。

宗教間の争いも結局、仮想敵国への攻撃にすぎません。

＊

他宗を攻撃する宗教はまだ成熟しない宗団です。人の悪口を言って自らを誇るのは、人としてまだ熟していない証拠です。このことをいくら言っても分からない宗団があるのも事実です。

＊

人間が宗教信仰において愚行を犯してしまうのは、信という心理が、何ものかを絶対化しないと人生の支えとして確かな生き方ができないからです。人間社会の生きる場に「絶対」というものがないのに、知的幻想の演劇は、絶対をつくり上げてしまうところに人間の悲劇があるといえます。そして幻想的理念でつくり上げた絶対性に、人はいのちを捧げることすらいとわないのです。

＊

人は「絶対なるもの」を信ずることによって、信じている自分自身をも絶対なる者という、誤った「自我」形成していることに気付かないものです。

世界宗教の対立を除くには「絶対なるもの」を、生きている事実に求める他ないように思う。理念の世界、観念の妄想性を見破らない限り対立はつづくように思います。

＊

◆そのカルマに縛《しば》られていませんか？

禅語に「老古錐《ろうこすい》」という言葉があります。キリの先が丸くなって使いものにならないということです。競争の世の中では、人間の心や能力がますます尖鋭化《せんえいか》していき、その結果、人の心そのものがトゲトゲしくなり壊れやすくなり、人に対しても社会に対しても攻撃的になります。つまり競争社会のゆくすえは結局、人間性そのものの破壊につながっているということです。

それに対して「老古錐」は人生のスイもアマイも経験し、それを人生の智慧として円熟せしめたものです。

＊

円熟の反対は未熟です。未熟とは狭い考えと行動から生まれる原理主義です。キリの先が細ければ細いほど相手への攻撃力は強まりますが、その力によって自らをも破壊してしまうものです。

＊

争い、競争という他を攻撃する力は、そのまま自分の心に反撃を与え、しだいに心が破壊されます。また自己を守ろうとする過度の保守力は、自分の心を閉ざして無気力にします。

＊

一集団のなかにいると、その集団の見えないカルマに縛られ、その集団の行動原理のなかでしか、ものを考えたり行動することができなくなってしまい、そのなかで最上に生きようとします。これを澤木老師は「グループ呆《ぼ》け」といわれました。しかしその集団にある程度距離をおいて見ると、全く別の世界が見えてきます。時おり自分を外において見るということも大事です。

＊

専門化された集団にいると、とかく世間から離れてしまって、専門集団の妙な規則、妙な理論、妙な常識がまかり通ってしまいます。これが専門集団の閉鎖化です。

＊

イスラム原理主義者が、ヴァーミヤンの大仏を偶像崇拝という批判のもとに破壊しました。しかしよく考えてみると神の名のもとに偶像を破壊するという概念のほうが、よほど偶像なのではないかと考えます。

＊

仏陀は「戒禁取見《かいごんじゅけん》」が、道を見失う元凶《げんきょう》であるとのべておられます。「戒禁」とは、特定のその集団だけの戒律や教義、「取」とは執着することです。つまり各集団内の価値観に執《と》われると本質を見誤るということです。その集団とは小は家庭から大は国家、民族にいたるまで、あるいは各種の文化集団、職業集団にいたるまで「戒禁」という呪術で自由を奪われてしまうことです。仏陀が思想宗教の執われ、習俗禁制の執われからの解放を説かれたのもこの意味です。

＊

権威、権力によって支配されている人間習性から脱出するのが仏道です。習性は社会秩序の柱ともなりますが、時には生《い》け贄《にえ》の柱ともなります。

＊

仏教は宗教としてもっとも勝れた英知を持っていると私は思う。しかし、宗教間の優劣をあえて説く必要もありません。人々に慧が生まれさえすれば、おのずから分かることだからです。現代は客観知は発達していても、いまだ慧の生まれる状況ではありません。その点で人類はまだまだ未熟で発展途上であると思います。

＊

仏教で慧が生まれるのは、心を限りなく清らかに澄ませる坐の行によって、生命それ自身の本性に没入することができるからです。意識の働きではとらえられないその本心に達すれば、そこから意識を超えた慧が生まれるのです。その意味で、坐禅の修行を清浄道《しょうじょうどう》とも解脱道ともいうのです。

＊

究極の教えである仏法は、時代が豊満になり、人生そのものに「しらけ」が生まれたとき、初めて世間から受け入れられる教えのように思えてきます。

◆煩悩が深いほど生まれる豊かな法門

仏教は成熟した教えですからまだ未熟な生き方しかできない者には、さまざまなエゴにかなった方便が必要なのです。

理《り》（絶対平等の真理）と事《じ》（相対差別の現象）と方便（具体的巧みな手だて）が具わっていないと仏教にはなりません。衆生は多種多様ですから、方便の門も多種多様です。それは一つ一つ対者の立場になって説かなければなりません。

＊

煩悩という感情のゆれが多ければ多いほど、人々の煩悩にしたがってその教えの法門も多い。同時に煩悩の深さが深いほど、豊かな法門が開かれます。

＊

出世間法を狙《ねら》って生きるところに心をおけば一切不可得、一切無功徳の仏法であり、世間法に仏法を開くときは功徳甚大《じんだい》、功徳現前を説くべきで、この仏法教化法を誤るといたずらに混乱するのみです。

＊

方便は「有《う》の立場から法を説くこと」で、現前の有をありのままに肯定受容し、ありのままに解答を引きだすことです。そのことは自覚をよび起こすことで、いま受けているありのままの苦を超脱することです。菩薩たる者は方便知に勝れていなければなりません。法の道理を文字化し、物語とし、人形化して、欲界のわれわれ有情《うじょう》の五官に訴えることです。方便は救済の要です。

＊

時代の風というのが時の流れにあるので、どうしても方便門を設けておかなければならないのです。時の流れに順応していかないと、どんな立派な教法でも化石化してしまうものです。

インドにおいて仏教が衰滅してしまったのは、正しい方便門が確立されず、教化面で民衆に流され風土風習のなかに埋没してしまったのだと考えます。つまり方便教化の怠慢です。方便門は時代によって創造され、消滅するもので、ある時代の方便や教化法に固執すると、これもまた衰退の原因です。ある種の方便に固執すると方便としての力は失われます。方便は自在でありながら同時に時の流れでもあるということです。『法華経』の方便門こそ真実門です。

＊

方便は毒をもって毒（人の妄心《もうしん》）を制するような働きであって、病（迷い）がなくなれば、方便という毒は必要ありません。いつまでも方便に依存すれば、それは方便害となり邪見となります。ですから方便は真実を知る者によってのみ方便で、方便を真実と見誤っている者にとっては、真実も邪見です。

Ⅶ 小石の存在は宇宙の深さと哲学してる人へ

◆宇宙が宇宙を追求している

天の気（理《り》）と地の気（事《じ》）が互いに交流するとき、天地は安穏《あんのん》自然なのです。交流が乱れれば、天の気、地の気も乱れるのです。

＊

この世界は相対的な理によって動いていますから、プラスが加速されると、反動としてマイナスが生まれ、マイナスが加速されると、そこからプラスの動きが出てきます。つねに法則としては零《ゼロ》になり、空の理が働いています。

＊

修行上、空理を大切にするのは、自在を得るためですが、学問の上で空理を究めれば虚《ニヒ》空《ル》の壁にぶつかります。実践のない空理はそれ自体幻想です。

＊

虚空蔵《こくうぞう》という言葉は、この法界が生命系そのものであることを説明しています。「蔵（ガルヴァ）」は生命を生みだす蔵という生命誕生の場をいい表わしたものです。たとえ物質でも、宇宙的には一種の増殖作用を持っていると見ているのが虚空蔵ということです。

＊

万物はすべて法界の意志がインプット（入力）されているとしか思えません。その法界の意欲が人間の欲求であって、法界自身の自己実現の欲求でもあります。したがって、おのおのその欲求が実現すれば、欲求自身も無に帰すわけです。拡大の欲求、主体実現の欲求、持続の欲求、それは結局、法界の隠れた意志にあると考えます。

＊

念ずること、祈り願うことは進化の原動力です。生命の生態は、すべて自らの願いによって自らを変化せしめてきたものだと思う。

＊

人間はこの宇宙が何ものであるかを追求する生物です。それは宇宙法界自身の自己追求ではないだろうか。人は「何」「ＷＨＡＴ」と問いつづけ、「何」に隠されたものを明らかにしようとする生命意志です。法界が法界そのものを追求する知性、それが「何」です。「何」が割れて「如是《にょぜ》（ほれ、この通り）」が出現するのは、法界の全体出現です。

＊

輪廻転生は虚空である法界の呼吸作用です。

＊

運・不運という波動は、法界生命の働きそのものです。好運ばかりだと人間は劣化し亡びてしまうのです。そこに不運というマイナスの力がブレーキとなって劣化を防ぐのです。運・不運の波動によって、つねに新しい創造力が生まれているのです。

＊

この法界は人間にとって、思い推《お》し量ることのできない世界です。その思量すべからざるところを如々《にょにょ》というのみです。「ある」とか「ない」とかいうのは、人間の頭脳の幻想でしかありません。

＊

草木は大地を知らない。ただ法位《ほうい》（おかれた必然性）にあって生きています。人も恐らく知らない閉ざされた虚空のなかで生きているのだろう。人が目的というのも、主客というのも人間の価値観であって、法界のなかでは意味をなしません。目的という限定に執われていないのが法界自然です。

＊

私どもの生きている時間を、仏教では賢劫《けんごう》といいます。賢くなるために苦しみを感じ、苦によって向上する宇宙的時間のなかに生存しているのです。

◆思いの束《たば》（念）が個体を形作る

仏教で「祈る」ということは、自分の欲望を菩薩・明王に求めるのではなくて、ただひたすらに菩薩を念ずることです。

＊

仏を意識すると、仏の意識に包まれます。至福を意識すると、至福の意識に包まれます。念ずるという宗教的意識は生命の深奥の意識で、これによって念じた仏と感応（交流）し、仏の威神《いじん》（功徳）によって守られるのです。

＊

念ずれば、念じたものによって念じられるのです。見ることがあれば、見たものによって見られるのです。

＊

若い頃読んだ『大乗起信論《だいじょうきしんろん》』のなかに「①忽然念起《こつねんねんき》」という句があり、その言葉が今日まで脳裏に焼きついていています。縁の始まりと縁起の不可解さを表現したみごとな言葉と考えています。縁の始まりは「念起」であると思います。また縁とは「ふち」とも読めます。つまり、そこにおける相《すがた》です。その縁の相を決定できるものを法位といい、人智をもって推し量ることはできない法界のナゾでもあります。

たとえば雪の結晶はいかなる条件でできた結晶でも、みな六角形だといいます。また植物はどんな枝葉をつけても中心には幹があります。これを法位という概念で納得する以外にはありません。縁は宿命的であると同時に他の条件縁によって、さまざまな姿を現わす自由性を持っているといえます。

①由来することなく忽《たちま》ちに心の動きが起こること。

＊

心の奥には、善種子（順応）と悪種子（反動）という潜在するカルマ（業《ごう》）が混沌として現存しています。その潜在種子を覚醒《かくせい》させるのが念の力であります。つまり内なる念によって触れるから覚めて、潜在種子が芽をだすのです。善を念ずる力が善を、悪を念ずる力が悪を現成《げんじょう》させるので、DNAのオンとオフにたいへん似ています。

＊

業論《ごうろん》は現代的にいえば生命論です。業（カルマ）は行為と訳されますが、その深底には思いがあり念があると考え、思いと行為の重層性を観察したのが、唯識の心的重層の発見だと思います。

＊

生命の個体、身心というのは仏教でいうと「①意成身《いじょうしん》」のことで、生命の「思いの束」（念）が一つの個を形作っているに他なりません。

①ただ心によって成っている身体。

＊

念は①摂心《せっしん》によって集中されるものです。摂心あるいは②心一境性《しんいっきょうしょう》といって念を一点に集めたとき、念力は微細《みさい》なタパス（苦行熱）をおびるのです。念とは色心（物と心）分かれる以前のエネルギー、潜勢力だと考えます。

①心に気をつけ心を摂《おさ》めて乱さないこと。

②心を一つの対象に集中すること。

＊

「念ずる」ことは、如と一体となる修法です。止観《しかん》（坐禅）です。これを「守意」という。「念」によって心の統一力と集中力とが増大するばかりではなく、「念ずる」ことで心の風が動き活力を増すのです。これは全く相反する現象ですが、これが同時に現われるところに念の不思議性があるのです。

◆時空という数量的単位はない

色《しき》（物質）は一般に形と色彩という性質を備えているといいますが、それに音を加え、香りを加え、触覚を加えていい。たとえば物質はそれぞれ自然のなかで自己主張をしています。その主張がそれぞれの音の違いです。音楽などの音は刹那《せつな》に語りかけ刹那に消えてしまうのですが、心に音跡を残し、それが統合されて感じられるものです。音は文字のようにバラバラの音の組み合わせでありながら、連続して統括されています。

＊

香厳《きょうげん》和尚（中国・唐代の僧）は竹に小石のあたる音を聞いて、閉ざされた心の世界が一気に打開され、心の実性を覚醒せしめたのです。竹と小石との強烈な語らいが、心の深層を打開したものです。音の語りかけは刹那に生滅したにもかかわらず、その刹那に無限にして永遠なるものを体験したのです。音は刹那に発し、刹那に消えてしまいますが、形も色も実は同じく無常なものです。

生命とは刹那刹那に「いま」があり、刹那の深奥に無的時間性と無的存在性とでもいうべき無限にして永遠なるものが横たわっている、その不思議な相続が生命というものです。

＊

過去はすでになく、未来はいまだ現われない、ただ刹那のみが点在するだけ。それを「諸行無常」というに他なりません。つまり過去は死滅の世界、未来は暗黒の世界。闇夜の大海に刹那に現われる光の波、それが生の本体。滅するエネルギーが生の輝き、しかも波は法海をはなれていません。だから海底からの波であり、海底の生滅なのです。

＊

仏教の刹那生滅論は、時間の流れという同質性を根底からくつがえすものです。この刹那説から考えると、法界には時空という数量的単位は存在しないのです。それはただ虚空の如くあって、虚空の風が刹那に起こり刹那に滅し、移り変わっているのに他なりません。

この法界を「一心」といったのは、いい得て妙なるものです。

＊

法界というのは、物質エネルギー世界（色界《しきかい》）と精神世界（無色界）、そして有情《うじょう》エネルギー（欲界）という三界が融通している場に他なりません。

＊

「三界唯一心《さんがいゆいいっしん》」といいますが、唯一心が三界を展開せしめたものではありません。「三界イコール唯一心」という意味です。唯一心はそのまま三界の相を現わしているのです。

＊

三界とはある種のエネルギーの世界で重層的です。欲界は生命力の温床です。色界は物質のなかに潜む力が広がる世界です。無色界は精神的念の力が左右する見えざる広がりです。小さな念にも、物質に劣らぬエネルギーが潜在している次元です。

◆縁起は結び、ほどけるもの

無明《むみょう》（不覚）という言葉は、明（自覚）に対するもの。姿形ある有（存在）を実体として概念化してしまう錯覚を無明というのです。それに対して「これあれば彼あり」という有の在り方を縁起といいますが、この縁起するものと縁起されるものが同体であるということを「空」というのです。

＊

「縁起だから空であり、空であるから縁起に他ならない」とは、現象面から見ると縁起ですが、根源から見ると空であるということです。

そしてこの「縁起」と「空」を別な言葉でいうと「法」ということになります。この三種の言葉は、みな同じ意味です

＊

縁には統括力が具わっていて、同じ種類の衆縁を自ら統合して形をつくるという働きがあります。

＊

この現象世界は縁の起伏現象であり、縁の集合力によって事物は存在します。それを縁和合の働きによってつくりだされたもの、有為法《ういほう》といいます。縁が和合力を失うと離散して消滅します。

＊

縁には「結ぶ」と「ほどける」という二面性を含んでいます。これを空徳といいます。

「結ぶ」という意味からすれば縁起はさまざまですが、「ほどける」という点からすれば、縁起は一元性のものです。

＊

縁というのは「結び」と「交わり」を内容とし、縁《ふち》という相の枠を形成するものです。縁は同類が集合し、結合し、相互にかかわり一つの相をつくるものです。仏に縁を結ぶというのは仏法に出遇い、仏の心と交わり、初めて仏縁が成就するものです。

＊

仏性といったとき、「仏」とは法の働き（用）です。仏性という名詞にしてはなりません。どこまでも述語的な生き生きした働きです。その姿（相）とは「性」の営みの表現です。「性」とはその働きの場となっているもの、あらしめているものです。相と性とが即していなければ、相は現われるものではありません。

＊

「法位」の位とは今の言葉でいえば「場」です。『金剛経《こんごうきょう》』の「①応無処住而生其心《おうむしょじゅうにしょうごしん》」という「処住」が場です。その場に起こるバーチャル（仮想）な現象が法位という土台です。生命の本質は場に起こる衆縁の起滅に他なりません。

①まさに住する処なくして、しかもその心を生ずべし。

＊

存在するとは有ることではなく、作用（働き）です。作用は刹那生滅するもので、刹那生滅しないものは存在（有）とはいいません。

＊

縁はその性に「時」がかかわっています。「時」が起これば、それは縁が起こったことになります。「時」の先に縁の広がりがあり、「時」によって縁は結合して現われます。

＊

大乗は「即《そく》」「不二《ふに》」「一如《いちにょ》」「中道《ちゅうどう》」という言葉で表現できる哲理です。つまり坐において、すべての縁起は内在化され、しかもその縁起現象そのものは虚空そのものであることを自覚することです。

そこにおいて「即」とは法界全体が不離（一つ）であるということです。「不二」とは一方において他方が成り立っていて、相対しながら全（すべて）であるということです。「一如」とは全体作用において個があり、個において全体があるということです。「中道」とは相と本性とにおいて一である道という意味です。

＊

①インダラ網《もう》のなかの個として輝けば、全インダラ網の珠は輝きます。もし個としての私

の珠に曇りが生まれれば、全インダラ網の珠には黒い影が映しだされます。個と全、不共《ふぐう》②業《ごう》と共業《ぐうごう》③のかかわりを物語っています。

①帝釈天が住む宮殿を飾っている網。その無数の結び目の一つ一つに宝珠があり、それらは互いに映じ合い照らし合うとされる。
②その人だけがつくる業。
③万人が共通してつくる業。

◆対立する妄執を超えるもの

道理というのも執して立場をつくるとおかしくなります。思想というものは、実体を平面的にしかとらえることができません。そこで一実体を上から下から左右からとらえる方法しかないのです。ですから正論というのも実は一つの見方で、正論によって実体が変わるわけではありません。実体はどこまでも石頭《せきとう》大師（中国・唐代の僧）のいわれる「只《ただ》①是遮箇《これこれ》」という分別を入れぬ表わし方でしか表現できないものです。

①『伝灯録』第七に「生より老に至るまで只是れ遮箇《しゃこ》の漢」とある。

＊

仏教の理解の度合いというものには、個人差があります。また相手によって話が違ってくる場合もありますから、むやみに言葉尻をつかまえて正誤をいうべきではありません。どんな解釈でも三分の理はあるものです。

＊

仏教でそのまま一つであることをいう「即の論理」は、西洋的にいう対立の反対のイコールではありません。それは、表と裏と全く異なっていながら質的に同一であるコインのような考え方で、表なしに裏はない、裏なしに表はないものとは何か――という意味です。

＊

神とか霊魂などの「ある」「なし」論はムダな論争ですから、仏陀はこれらの形而上の本体論には説明不能として答えませんでした。これを「①無記《むき》」といいます。

人間の思考のクセからすれば、何事も二つに分けて考えるという知的習性があります。二つの分け方でしか思考できないのが人間です。その人間思考でこの不可思議法界の相性を「有無」の範疇《はんちゅう》で解釈すること自体、無理なことです。

①黙して答えなかったこと、記録すべき必要のないこと。

＊

天台宗の教学は「①一乗《いちじょう》真実」といって、一乗のみ真実で段階的修道は方便門であると教えます。ところが法相宗《ほっそうしゅう》の教学では「②三乗真実一乗方便」といいます。つまり人間世界（三界）での修行は段階的修道のみが現実なのであって、一乗（空、第一義）というのは現実からいえば「虚」なるものだというのです。仏法からすればどちらも本当のことで、これを対立して論争することは、まさに戯論《けろん》（戯《たわむ》れの論）といって無意味な言葉遊びに他なりません。

①衆生を乗せて悟りに導くのは唯一真実の教えがあるのみ。

②声聞乗《しょうもんじょう》・縁覚《えんがく》乗・菩薩乗という、その人に応じた三つの教えで悟りに導くのが真実。

＊

聖という天空、俗という地平、それが融け合い支え合っているのが人間世界です。地平を見て天空を見ない者、天空を見て地平を見ない者、両者とも①法眼者《ほうげんしゃ》ではありません。

①法の真の在り方を見る智慧の眼を持つ者。

＊

「悟りの宗教」これがこれからの宗教の在り方です。悟りとは、二元対立思考のなかで一方のみに固執する妄想性を超える智慧です。

＊

教理では相と性とを分けて学びやすく説きますが、仏法から見ると相と性とは即しているものです。しかも表も裏もない次元です。この両面にして一枚の理を悟ることです。

◆長く地球に居候《いそうろう》させてもらうために

自然そのものは調和され、無理ない姿で均整がとれていますが、人の手が加わると調和がくずれ、無理が生まれ、汚れが生まれます。人は自然を犯すことなく、この地球に末長く居候をさせてもらう存在です。だから人間は自然に対して戒律が必要なのです。

＊

自然愛護、自然保護という言葉ぐらい人間的エゴの強い言葉はありません。自然から保護されていることをすっかり忘れてしまった自然征服思想によるものです。「神仏を愛す」「神仏のために」という発想も、よく考えると人間中心の考え方に他なりません。

＊

時というものは不思議なものです。庭に生える雑草でも毎年生える雑草と一緒に、今まで見たことのない草が芽をだし、翌年は消えてしまう草と、数年つづいて生える草もあります。気候にも、時代にも、人間の行動にも、これと似た現象があります。法界とは不思議な世界です。

＊

漢字というものは面白い。たとえば「開」はあるもの、あることを開くという始めの意ですが、同時に「お開きにしましょう」という解散の意味でも使用されます。開の反対語「閉」も、もともと門を閉じて公から私に帰るという意味ですから、立場と時間によって始めとなり終わりとなるという一如性を持っています。

つまり漢字は一字でも両面の意味を含んでいる点で面白い。一字で世界の理を表わすこともあります。これが東洋の玄なるところかも知れません。

＊

法界は凝縮と拡大という二大作用によって呼吸しているといえます。この二大作用は物質、生命を問わず、大なり小なり深いかかわりを持っています。凝縮と拡大によって循環し流転するのを「輪廻」というべきでしょう。「転生《てんしょう》」とは進むことです。

＊

凝縮と拡大、坐禅においてもこの二大原則にしたがって、心統一と心拡大を心がけるよう止観しなければなりません。

＊

心を一点に集中し凝縮すると、そこに力が生まれ、そこに熱気が集中し、やがてそこから無限への拡大が起こり、一心の広大さを実感します。心も宇宙もその質と作用には変わりがないのではないだろうか。

＊

「私」の身体は六〇兆の細胞によって構成されているといいます。その一つ一つの細胞に「私」がおり、個の細胞は同時に「私」を包含しているといえます。

＊

たとえ小石一つとっても、これを深く考察すれば、小石の概念は宇宙大に広がります。つまり小石の存在一つでも、宇宙と質的に同じ深さを持っていることに気付きます。

＊

一つの細胞が滅すると、全体は即時に応じて、一つの細胞の法位の欠を補って全体となります。細胞の生滅によって犯されたり、乱されたりすることがないのが虚空の全体性です。

＊

宇宙法界はもともと「全」なのです。宇宙拡大の法位にあっては拡大が価値を持ち、縮小の時節には恐らく自己深化が価値を持つのだと思います。

Ⅷ 人生は屁《へ》のカッパだという人へ

◆宗教とは喜びが満ちてくるもの

仏教はまず教理というより自由があり、その自由なものの考えから自分を見つめ直す教えです。自分を除いて仏教もなければ、何もない。自分以外のものは自分でないのだから、自分こそ宗教の中心でなければなりません。痛みも悲しみも喜びも、笑顔も泣き顔も全部、自分なのです。

＊

仏教というのも最初、釈尊自身が悩まれた四つ命題「生老病死《しょうろうびょうし》」の一つ一つを、確かな眼でとらえることではないだろうか。つまり「生老病死」を人生に与えられた問題として自覚的に公案化し、その公案のために悩み苦しみ、それを自分のものとすること、これ以外に仏法はないのだと思う。

＊

自分の人生は、他人の手によってつくられていくのではありません。自分の人生をどのように創造するかは、自分で考え自分で行動する以外にありません。自分の世界は、すべて自分の責任です。

＊

分かっているようで、意外に分かっていないものです。人生に限って効率的な生き方などありません。苦労しただけ自分が大きくなるわけです。

＊

「苦しい」「楽しい」という感じ方は、人によって違います。好きなことは苦しくても苦しいと思わないし、嫌いなことは人がいくら良いといっても、楽しく思えないものです。つまり目的を持っていれば、どんな苦難も苦しくないのです。苦しいと思うのは、人生に目的、願いを見失っているからです。

＊

運命とは「自分のいのちをどう運ぶか」ということです。現在のいのちをどう運ぶかは、自分の責任です。運び方が悪ければ悪い運命になり、運び方が良ければ、その人の運命は良く展開するということです。

つまり「運ぶ」ということは「開く」ということで、眼を開き心を開いて運命のふさがりを打破することです。

＊

近頃は職業に徹するという人が少なくなったと思う。職業の区分が多様になり、かえって職業意識をうすめていて、ただ付随的な儲《もう》けのほうが目的化してしまっているように見えます。職業意識の希薄化は、役員、従業員ともに生きる誇りを見失うものです。同時に人間性を限りなく劣化させている原因です。

＊

現代はそれぞれの分野で、使命感を失っています。「使命に生きる」という最善の生き方が忘れられてしまった時代です。使命感が欠けている者は、ただ自己保身の小欲に右往左往しているだけです。

＊

広い心とは使命感を持っているということです。使命感を持つと人間は強くなります。強くなるということは、他と比較しない生き方ができるということです。

＊

組織に飼いならされて気力を失ってしまった者に、活力を与える精神的ポイントは「自信」と「誇り」です。寺院住職のひとりひとりに仏法の「自信」と「誇り」を持たせるために、組織をあげて考えて欲しい。

＊

釈尊仏陀は宗教とは、自然に喜びが満ちてくるような心の在り方だといわれるわけです。その喜びは感覚的なものではなく、精神的な生命の讃歌に他なりません。心の向上が喜びであり、さらに心が向上すれば苦楽を超え、生死を超えて喜びあふれる人生に変身するものです。その信仰的宗教的喜び、それを涅槃といわれたのです。

＊

私は十代後半で道を求める気持ちが起こり、二〇歳で出家し、三〇歳で「清い水には魚住まず」という世間と出世間道との矛盾を自覚し、四〇歳で仏法は因縁果の教えであると体験的に知り、五〇歳で病に倒れ、ただ生きることを学び、六〇歳になって釈尊の教えの核心に触れ宗派意識がなくなり、七〇歳になっていのちの限り仏法を伝えようと志し、坐禅の大衆化、信心の大衆化、その方便門の大切さを知ったのです。

◆私が生きている、ここから始まる

経済も大事、政治も大事、科学も大事、しかしいちばん大事なのは、ひとりひとりが「生きる」という原点です。

＊

寺院に入れば仏法に毎日触れることができると考えている人に対し、こう言わねばなりません。「寺に入ると世俗と聖道との矛盾に悩みます。仏法は伽藍《がらん》にあるのではなく、どこまでも自分にあると考えないと、寺に入って寺に悩みますよ」と。

＊

宗教としての仏教は「何を信ずるか」「何を真理とするか」ではなく、「いかに生きるか」「いかに苦（老病死）を克服するか」という生き方を探究するものです。

＊

知識が大きいのは、身体の大きさに似ています。いくら大きくても、それを使わないことには意味がありません。人に価値が生まれるのは、その量ではなく「使い途」です。学問だけが進んでも仏教の発展にはつながりません。

＊

インドでは仏教を含め知識《ジュニャーナ》の修習《ヨーガ》と行為《カルマ》の修習《ヨーガ》とを区別しません。つまり哲学と実践のいずれを欠いても聖賢の教えとはいいません。

＊

仏教に帰依するということは仏教という材料を使って、自分の世界を構築していく営みです。材料の吟味と整理だけに終わってはなりません。

＊

人はみな自分の世界を自分でつくって生きる創造主です。

＊

仏教の自由という言葉「スバヤム」には「自発的に」「自分で選ぶ」という意味があり、自主的に選ぶ能力のない者に自由はありません。どこまでも自己に目覚めた者の行為、そこに自由があるのです。

＊

業《ごう》（カルマ）という意味は、もともと行為、行動という意味です。自らの行為行動には責任を持てということです。仏教はどこまでも自己責任の上で、行為行動の結果を説いています。個としての行為行動（不共業《ふぐうごう》）も、共業という共同体の行為行動も、その責任は次の世代までもつづいていくという考え方です。

＊

業論は、自分の行為行動の自由性とその責任を明確にした教えです。自分自身の時空間は自分自身の創造的世界でその使い方は自由ですが、その結果はすべて自己責任として負わねばなりません。それを因縁果の道理といいます。自らの時空をつくりだした行為行動は、そのつくりだした時空間に責任をになうものです。

＊

現在の在りようは過去の結果です。それと同時に現在の対応や行動はそのまま因となって、未来の自己を形成する原因となることを考えると、現在の生き方をどうするのかということが大切です。つまり遭遇しているすべてを善縁として対応していくことが信心の要です。

＊

過・現・未に通じ一貫してとらえることを仏教では①三明《さんみょう》といいます。三世をバラバラに考えていると、近視眼におちいり、大きな人生観の誤りを犯すことになります。

①過去を知る宿命明《しゅくみょうみょう》、未来を知る天眼明《てんげんみょう》、現在を知る漏尽明《ろじんみょう》。

＊

輪廻転生の意味は、失敗を未来において、くり返さないため学習するということです。そう考えれば輪廻性そのものに、向上という作用が自然に具わっているのだと思う。向上するために輪廻があると考えると、人間の愚かな行為も実は向上心をかき立てているのかも知れません。

◆人を思わず天を相手に生きる

あなたは自分を感じたことがありますか。ふだんは自分を感じないで生活していますが、心の断層にずれが起こったとき、そこから自分が見えるときがあります。ひとりは喜怒哀楽に振りまわされている自分。もうひとりはそれを透徹している眼で見ている自分。

＊

本物の自分は法界につづいている自分です。ニセ物の自分とは法界にただよう大波小波です。そのニセ物にだまされていることを悟ることが、本物の智慧です。

＊

近頃は若い人が集まっても、人間について話し合うことがすっかり影をひそめてしまいました。それは豊かさのため考えることが空洞化してしまったのだと思う。やはり「学道の人は先須《まずすべから》く貧《ひん》なるべし」（正法眼蔵随聞記《しょうぼうげんぞうずいもんき》）で、生きることに必死にならないと、自分そのものさえ問うことを忘れてしまうのでしょう。

＊

「私には能力がない」と言う人がいますが、それは能力がないのではなくて、自分の本当に好きなものがまだ見つかっていないからだと思います。しかし好きな道を歩んでいるのに「能力がない」と嘆くのは、まだ自分の力を出しおしみしているからです。

人生とは、自分の能力をいかにしたら最大限に発揮できるかという本性で生きているのです。そしてまた、それ以外に生きる意味はないと考えて下さい。

＊

仕事に行き詰まったなら、初心にもどるということです。何事でも、自分が進んできた道に危険信号がでたならば、思い切ってもときた道をもどることです。退くことを忘れて、進めばなんとかなると考えるところに危険があります。

＊

人の迷いも心の乱れも、もとを糾《ただ》せばみな自分の欲から生まれてきたと考えるべきです。人が人を相手に生きる限り、つねに不安、迷いがつきまとうのは当然です。人とのかかわりは利害に大きく左右されますから、そこに対立が生まれ争いが生じ苦悩が起こるのです。般若とは人を相手にするのではなく、天を相手にして生きる生き方を教えるものです。

「人生を堂々と生きたまえ。人を思わず、天を相手に」

人が見ているから、人が見ていないからという、こせこせした考えをすっぱり捨ててしまえば、ずいぶんと楽な生き方ができるものであるという意味です。

＊

むかし禅僧が坐禅していました。すると天空から花びらがひらひらと降ってきた。周囲の人々はみなそのすばらしい坐禅の境界《きょうがい》を讃美します。しかしその禅僧は「天女に認められるような坐禅では、まだ本物じゃない」と反省したといいます。心にまだ臭《くさ》みがあるから、天女に見つかってしまったということです。要するに天もいかんともしがたい人間になれということです。

天を頼ったり祈ったりするのではなく、天の心になってしまう。天地の間に生きているのですから、出遇うことは順逆ともに自然なのだと心を決めれば、心は楽になるものです。

＊

俳優はいろいろな役を演じます。悲しいことも、苦しいことも、何一つ嫌な顔をせずに演じています。悲しいことも苦しいことも、一つの役がらだと達観しているからだと思います。人生も、この欲界というステージで自分の役をこなしているのだと思えば、もっと心が軽くなるのではないでしょうか。むしろ積極的になることによって、そこから喜びさえ生まれてくるのではないかと思います。

＊

一茶の句でしたか「裸にて生まれてきたになに不足」という句があります。裸のまま、しかもひとりで生まれ、ひとりで死ぬと思えば、独りぼっちになっても何も悲しむことはなかろう。財産を失っても、もともと裸で生まれてきたのだから、何も嘆《なげ》くことはなかろうという心を歌ったものです。

ある人が多額の借財をかかえて、いっそ死んでしまおうと決心し最後の旅をしていたとき、ある町の宿の床の間に、この句が掛けてあったのを見て「もともと裸なのだ、もともと独りぼっちなんだ」と、心の底にどすんと感ずるものがあり、死ぬ思いでもう一度生まれ変わってやってみようと心に決め、仕事に精をだしたという話があります。

＊

利休《りきゅう》さんは「茶の湯とはただ湯をわかし茶をたてて飲むばかりなる本《もと》を知るべし」という歌を残しています。これがお茶の真髄であると同時に、人生の真実だと思います。茶の湯の道具立てをすべて捨ててしまって、残ったものが本物です。人生も、肩書きとか身分とか捨てていくと「人間もただ食べて生きていくだけの存在」となってしまいます。この根っ子からもう一度人生を考えてみるということが大切なのです。

＊

運命、天命は天にあるとしても、この天命、運命を切り開くのは人であります。ただ世の中の流れに順応して生きるということよりも、また世の中の鋳型《いがた》にはめられて同じような服装、同じ習慣、同じ生活をするよりも、何か一つ天の命《めい》を感じて生きることのほうが、人としては生き甲斐があるということです。

つまり自分の運命を生きることは他から与えられるものではなく、自分の志で切り開いていくという気概があれば、たとえ不運の運命が待っていても、それを乗り越えて勝つことができるということです。

◆お金さえあれば、あなたは幸せか？

財をつみ上げ浪費を楽しみ、身を飾って遊びに興じても、夏の終わりのひぐらし蝉の声のように、心に虚しさだけが残るのではないか。すべてを捨てても、心にゆとりある人生を築かなければ……。

＊

世間から称賛されてもされなくても、批判されてもされなくても、突き進んでいける大道を発見した者は人生の幸せ者です。

＊

人は一度裸になることも大事です。財産というベール、肩書きというガウン、教養という帽子、身についている衣服をすべて脱ぎ捨てたとき、本当の人間の姿が見えてきます。みんな裸だということが分かれば、人の考えも変わってくるはずです。

＊

自己存在に対する疑い、それが①己事究明《こじきゅうめい》ということです。自己が自己を疑う省察こそ、求道の第一歩です。

①真の自己を明らめ究《きわ》めること。

＊

仏法とは自己を究め、縁起を止観し、人を救うのみ。

＊

人生の目的は「ただ、ひたすらに生きること」です。生きることによって生きる意味を覚《①かく》触《そく》するのです。

①いのちがいのちに覚め触れ、思いでなく実物として知ること。

＊

あるとき、私は摂心《せっしん》参加のため大洞院《だいとういん》（静岡県森町）をめざして山道を登って行った。すると坂の上から乱れた白髪の老婆が腰を曲げ、杖をついて急いで下ってくるのに出遇《であ》い、その姿が闇へと消えていくのを見て強烈な印象を受けたことがありました。

その意味は全く分かりませんでしたが、すごく納得するものがあったのです。老婆の姿に、闇から突如《とつじょ》として現われ、また同じ闇へと消えていく人間の生きる姿そのものを見て、身震《みぶる》いを感じたのです。それは説明できないけれど、人生そのものを目前に見たという実感がありました。それは夢のなかで悩みを解決するような仕方で、人生から解放されたようなものです。

＊

人生とは自分の仕事を通して向上し、仕事を通して修養すること以外に、向上も修行もそして宗教生活もないのではないでしょうか。

＊

与えられた仕事がたとえ好きでなくても、そこに根を下ろしてみれば、そこにも人生を学ぶものがあります。嫌な仕事だからといって毛嫌いしていると、自分の力もしだいに萎《な》えてしまいます。

＊

「始末の悪い人」という。万事、始めと終わりが大事であるという教訓です。末がたとえ失敗であっても、その失敗に責任を持たないと、次の新しい道は開かれないものです。

＊

行為というものに目的を持った意志が加わったとき、それは責任ある行動となります。その行動から発せられる意念は、生きる力となります。

◆花のなかに菩薩を見る

「殺仏殺祖《せつぶつせっそ》」という禅語があります。殺とは執着しないという意味ですが、一方、殺には「とり入れる」という意味もあります。そう考えると仏祖をとり入れて、自分の血肉にするということです。

＊

「健全なる精神は健全なる身体に宿る」というが、健全な身体を持っていながら、人を殺し、人をおどかす奴は多い。病弱な身体を持っていながら、かえってすばらしい能力が光っている人もいます。ですからこの諺《ことわざ》は「健全な精神は健全なる考えに宿る」あるいは「健全な身体（行い）は健全なる精神に宿る」というべきです。

＊

近頃は大人も子どもも行儀が悪くなったように思う。行為行動に倫理性《きまり》がないということです。儀（きまり）がないというのは人間性の未熟に通じます。行儀は形式ではなく、人としての心の姿です。

＊

合掌は手を合わせる調和の象徴です。左と右、仏とわれ、理と事、智と慈などの二辺を一つにすることで「心」を生みだすのです。その手の心に仏菩薩の心が感応するのですから、合掌はとても大切な形です。万物に合掌しましょう。病気にも合掌しましょう。

＊

菩薩は三十三現身とか三十七現身とか、さまざまな姿に変身して、人々を救済する神通力を持っておられます。あるときは老人となり、あるときは木石となり、あるときは病、災いとなり人生を教えているのです。ある人が小さな名もない花に感動したとき、菩薩はそこにまさに現われて法を説いているのです。

＊

合掌して無執着、無心、透明になっているのを「無」といい、欲求、有心によってつくられたものが「概念」です。その概念で無を説明することは不可能です。概念は立場をつくって、そこからものを見ますが、無には立場がありません。立場がないというのは全体であると同時に一点（中心）なのです。

＊

「分」にあって「全」を直観するのが仏法の智慧です。部分のみで眼が点になると、「全」を見失い片寄ります。また「全」のみに安住すると、鋭さが消え智慧を失います。

＊

「木を見て森を見ず」という諺がありますが、「森を見て木を見ず」という逆説も重要な教訓です。森は木々を支配するのではなく、木が森を支え森は木に支えられているということも忘れてはなりません。

＊

内なる理念を外なる事物に現わしていくのが人生だとすれば、内なる生き方と外なる環境とは同一です。

運命――与えられた環境のなかで、この命をよりよい状態で運んでいくという現実主義。
立命――この命はどうあるべきかという理念に向かい、願行《がんぎょう》を立てて生きぬく理想主義。
天命――天が与えた使命を自覚して、いかなる不運にも屈しない生き方、使命主義。

*

◆生きる真っ只中で意味を見出す

道元禅師の『正法眼蔵《しょうぼうげんぞう》』に引かれ、その思考に魅《み》せられて出家し曹洞宗《そうとうしゅう》に入ったので、その重要な実践が坐禅であるということは、坐禅して初めて気がついたようなものです。当初は坐禅は苦行であり、いかに耐えるかということのみ頭にあったように思います。しかし押しつけられるものはなんでも苦痛であり、追い詰められた心理状態になりました。

ある日、買い物に行き道を曲がった瞬間、広々と広がる畑を眼前に見たとき、思わず「釈尊は坐禅をされて仏になられたのだ。だから仏法者は坐禅をするのだ」とスッと思いました。その瞬間、坐の悩みは解消し、そこから坐に対する信が生まれ、坐禅は苦行ではなくなりました。

＊

人間は観念をつくりだす動物ですが、そのつくりだしたものによって支配されやすいのも人間です。ですから神や仏に真理を求めてはなりません。神仏という支えとなるものから拒絶され、孤独の原野に投げだされたとき初めて、真実が何ものかを知るのです。神仏に求めている間は、ただ神仏に束縛されているだけです。禅僧が弟子たちにすさまじい生き方を求めるのもこの故です。

＊

執着することは執着する対象に束縛されるというか、自分が限定されてしまい、対象（境）に支配され動きがとれなくなります。ですから執われない心は逆に、いかなる境をも支配する主人公となるわけです。

＊

禅門ではどうかすると禅僧という鋳型《いがた》をつくりたがります。天地が破れても心は不動、感情にぶれない姿勢をつくるというイメージがあり、またその豪放磊落《ごうほうらいらく》な人間像に適合しようとします。それが禅門の既成化です。禅の死《し》に体《たい》です。

禅の真の人物像は、個性に生き、世間を超えた眼目を持ち、型にはまらず枠を超え自在に働く人物像であって、生活の浄穢《じょうえ》をすべて糧《かて》とできる者が禅人でなければならないと思うのです。

＊

仏教辞典には「遊」は「存在する」という進行形だとあります。子どもは遊びを通じて成長します。子どもだけではなく人間にとって「遊び」は生命の躍動です。つまり生きるということは、遊びそのものです。仏語の「遊行《ゆぎょう》」とか「遊戯《ゆげ》」という言葉も、みな生命の自在なる働きであると同時に、その働きのなかに「楽しみ」があるということです。安楽は心の堕落ではなく、「楽しみ」は成長しつつある姿です。

＊

人生の目的論がよく問題になりますが、人生の目的であると同時に過程（途中）でもあるのが「生きる」生命です。自分の持てる資質をもって、この世に一灯をかかげること――それが目的でもあり、生きる全体です。全体ですから、そう生きるところに目的は成就されています。目的はそこに、「只是遮箇《ただこれこれ》」として現われている全体です。

＊

生きるために価値が生まれたので、人は生きる意味を見出すことで人生を支えているのです。宝石も河原の小石も同じものであって、それに価値付けをするのは人間です。生きるための価値観が、その人の主体性を構成し、生きるという深い自覚が、生きる価値をそこに発見するものです。そしてその価値観は人生の苦労に対する抵抗力にもなっているのです。

価値の世界（この世）、無価値の世界（彼の世）、どちらも生きる土台です。

Ⅸ　自分の問題として仏法を学ぶ人へ

◆仮名《けみょう》自己と真実自己

発菩提心《ほつぼだいしん》という言葉には、大乗の本懐《ほんがい》（本来の意図）といわれる授記《じゅき》（成仏への証明）が具《そな》わっています。ですからひとたび発心《ほっしん》すれば途中道草をしたとしても、いつかは発心の功徳力によって本来の家郷をめざすものです。

＊

求道心《ぐどうしん》のない者が修行すると、その修行は単なる資格とりか、自分を偉く見せる世渡りの道具にしかならない。求道心のない者が学問すると、仏法は単なる研究対象にしかなりません。そこから仏門の方便心は育ちにくい。求道心のない学者は仏道具現者ではなく、仏法を整理しているだけです。彼らの仏法は単なる学問の対象であって、仏法を学ぶ者ではないということをしっかり知っておかないとだまされます。

＊

ジャータカ物語に主人から「若木に水をやるように」と命じられた猿が、水を大切に使おうと思い、根をぬいてその大きさに合わせて水をそそいで枯らしてしまったという話がある。

猿は水を大切にするという意味を勘違いしたのです。「良いことをする」ということが、かならずしも「ためになる」とは限らないことを暗示しています。

＊

自分の心を中心として考え行動するのは、低い生き方です。法に合わせて生きる生き方は、高次の生き方です。

＊

仏教の人生観は、どこまでも「①自《じ》灯明《とうみょう》・法灯明《ほうとうみょう》」の精神によって確立されなければなりません。

①法に証せられた真の自己を依り所として生きること。

＊

私という生命体は仮名自己と真実自己との円融《えんにゅう》①です。仮名自己は縁にしたがって仮りに身を現じた生滅の自己です。真実自己は無限法界《ほっかい》に根ざすものでそれは閉ざされた法界ですから、仮名自己である人間の認識力では知ることはできず不可思議の次元です。この閉ざされた法界（隠）を「理《り》」といい、開かれた法界（顕）を認識可能な「事《じ》」というにすぎません。この閉ざされた次元に侵入できる唯一の方法が坐禅です。

①互いにその立場を保ちながら、一つに融け合っていること。

＊

仏法は形而上学ではないというのですが、華厳論はまさしく「理」の形而上的問題の解釈です。形而下とは現実の「事」であって修行のことです。求道者にとっては現実はすべて修行の対象ですし、道理はすべて現実のなかにあるとのべるのです。ただ仏教での「理」は無自性《むじしょう》・不可得《ふかとく》の理であって、そこに実在としての形而上学的理念はないということです。

＊

禅語に「平常心是道《びょうじょうしんぜどう》」とあります。平常とは常恒《じょうごう》（つね）なるものです。永遠の相を持った心です。これが「道」ということです。また永遠の相でありながら、絶えず変化しつづける心も同じく「道」というわけです。平常心には不変なる理と随縁の事、その両面を一句でいわれた南泉和尚《なんせん》（中国・唐代の僧）の言葉は深い。

＊

道というのは目的地につながりながら、それが手段でもあり、目的と方法とが一如になっています。修行がそのまま証（悟り）であり、証がそのまま修に他なりません。

◆夢をもって法を説く

覚触《かくそく》という表現は、まさしくただ今、生きているという生《なま》の自分です。生の自分は分けることはできません。その分けることのできない宇宙法界の自分に触れることを覚触といいます。その分けられない自分を分けて「生」とし、分けて「死」としたりするのは、みな私たちの頭脳の作用によるものです。

＊

「分ける」働きを持つ頭脳は人間の勝れたところですが、同時に「分ける」ことによって分かるから、それが正しいと錯覚してしまうのも頭脳（知性）です。その知性によって本源的な全体の姿を見失わせてしまうところに、人間思考の危険性があるのです。

＊

覚触は具体的な坐の体感です。頭脳で考えて「なるほど」とうなずく認識方法ではありません。坐によって自分を追い詰め、心を一点に統一しつづけたとき、突如として自分自身の枠が爆発し、ただただ広大にして無限の本性に触れる時節が到来します。カラッとして対象とするものがすべて消えてしまう禅の宗教的体験です。

この坐禅体験は深く精神にきざまれ、つねにこの無底の原体験がものに触れて顔をだし、概念にも、経典にも、慣習にも、宗派にも、そして生死にもだまされない無底の主体性が生まれるのです。

＊

道元禅師は仏法の求め方について重要な心得を『現成公案《げんじょうこうあん》』のなかでのべております。

「自己をはこびて万法《まんぼう》を修証《しゅしょう》するを迷とす」

「万法すすみて自己を修証するはさとりなり」

主観を働かして万法（万物）を対象化（客観化）し万法の真実を求めても、真実に達することはありません。万法全体から自己を証明して、初めて真実が明らめられるということです。つまり対象化しない万法を法界《ほっかい》といい、その全一《ぜんいつ》（全《まった》きいち）である主客のない万法から自己を求めよと示されています。

対象化した法界というものには見る人それぞれの主観が加わり、さまざまなとらえ方になってしまうのです。真実は一であり現実でなければなりません。そして一である限り全てであり、全てである限り而今《にこん》でなければなりません。

＊

法界は自己の環境を意味するものではありません。法界は自分をとりまいているのではなく、自分の一心そのものです。仏教語に「三界唯一心《さんがいゆいいっしん》」とありますが、三界（万法）がそのまま唯一心です。ですから大地も唯一心、大海も唯一心、山も川も唯一心、この考えている自分も唯一心です。

＊

一休和尚の歌に「見る毎《ごと》に皆そのままの姿かな柳は緑《みどり》花は紅《くれない》」といい、芭蕉は「古池や蛙《かはづ》飛《とび》こむ水のおと」と詠《よ》んでいます。

みな無心のありのままをありのままに受けとれば、ありのままです。分けて見ているのではありません、歌の風景のなかに入って詠んでいるのです。詠む者も詠まれるものも同じ心のなかです。

＊

昨夜夢を見ました。「寂滅世界は認識思考の頭脳では、決して触れることができない世界だ。不思量世界（思いを超えた世界）は不思量的禅定《ぜんじょう》（思いを超えた坐禅）でなければ触れることはできないのだ」と、自分が自分に言い聞かせている夢でした。

覚めて考えるに、夢の世界こそ心の本性を見破っているのではないだろうかと。そういえば『虚空蔵経』のなかに「夢をもって法を説く」という一句があったことを思い出しました。

◆智慧とは生命に具わる方向性

煩悩とは妄念によって迷うことです。妄念には利害得失から生まれる妄念と、価値観や思想から生まれる妄念があります。この両方の妄念の厚い壁を破らなければ、仏法の説くところに行き着きません。

＊

無明《むみょう》は二元性にあり、これが欲界の原動力ともなっています。その無明の本性を見究めるということが明（悟り）なので、二元性がなくなるわけではありません。宗教的には無明の反対は光明です。一如である無分別智《①むふんべっち》が光り輝くさまをいいます。

①分別を超え、すべてを一目平等に見て働く智慧。

＊

『本業瓔珞経《ほんごうようらくきょう》』に、法性《いのち》に順応して心を起こすのを善といい、法性に背反する行為行動は悪であるとのべています。

＊

「仏法に不思議なし」といい「仏法不可思議」ともいう。これは貨幣の裏と表で、この両面の真実を知らないと自在を失った担板漢《①たんぱんかん》のそしりをまぬがれない。

①ものの一面しか見ることのできない人。

＊

人生観で重要な観点は、極大と極小、拡大と凝縮という両極を楕円形のなかで包含しているということです。

＊

人は何事でも平等を求めると同時に、また差（区別）を求める矛盾的動物です。誰でも同一の権利を求める一方で、他とは異なった自己を主張します。

＊

如実《にょじつ》というのは自然という内容と似ています。「自」という漢字は「おのずから」とも読み「みずから」とも読めます。如実の内容も「おのずから」「そのまま」「ありのまま」という意味ですから、主客未分の自然の心を表現したものです。人間の善悪好嫌の付加価値がつく以前の真実です。

＊

偉いとか偉くないとかいう評判は、たいていみな好き嫌いの次元です。その好き嫌いを標準として生きる「おごりの心」を愚かさといいます。

＊

「偉い」という漢字は、分解すると「人が毛皮を着ている姿」です。毛皮という虎の威を借りているだけです。「賢」という漢字のもとは「ありあまる財物や才能を人に分け与えている姿」です。

＊

全体からものをとらえるという智慧の教えは、そのまま慈悲の行動に結びついていくのです。仏法を「智と行」の教えといいますが、菩薩道からいえば行はつねに慈悲行ですし、その慈悲心は全体という観点から発せられる行です。

＊

『ミリンダ王経』に「知識がなければ智慧も生まれない」とあります。知識は材料で、智慧は総合的に統括する働きです。外的な知識を内面から全体としてとらえることです。

＊

智慧とは如《にょ》なる生命を如から観ずる働きですが、それはもともと生命体に具わっているもので、生きようとする意志が発動するものでしょう。つまり智慧とは生きようとする生命（カルマ）そのものに具わっている方向性であるといえます。

◆自らの神通力を発揮する

行為の現成《げんじょう》した結果からその因を探すことは人知の及ぶところではありません。しかし宗教の反省という考え方からすれば、過去の因を自覚することが可能です。それが宿命《しゅくみょう》通《つう》です。

＊

宿命通とは生命発生の根源にせまり、地球創世、宇宙形成の原点へと思いを巡らせ、その原点から私自身へと流れてきた希有《けう》なる存在を自覚することです。

天眼通《てんげんつう》とは、未来の栄枯盛衰の全体を見渡し、生と死との①有為転変《ういてんぺん》の実相を思惟することです。

漏尽通《ろじんつう》とは、この身心はすべて無常・無我の道理によって生かされているので、何かに執着し依存性が強すぎると病になり生きることが苦しくなると知ることです。つまり無常・無我の道理に生きる生き方を体得することです。

①この世のすべては因縁によって生滅し、移り変わること。

＊

仏教でいう執着性は、今の言葉でいえば、依存症という病んだ生き方でしょう。道具装飾に依存し、薬に依存し、バクチに依存し、この深い人間苦の輪廻にはまりこんで脱することができなくなっている状態です。

依存症は何も外的なものだけではなく、内的な思想、信仰も時としては依存症を引き起こしています。これは物質的な依存症より重症であり、深い輪廻の底に沈み容易に浮上しがたいものです。

＊

功徳は用いるものです。用いることで増大し、不用ならば減少します。不徳も同じです。不徳を使って利をあげれば不徳は増大し、不徳で損をすれば不徳は減ります。

＊

行動を起こすということは自ら原因をつくることです。しかも、自らの行動の結果を見究める力が神通というものです。結果を見通すことができない行動は、見識がないといわれても仕方ありません。

＊

観には内・外の対象を深く観察するという働きと、念ずるという働きがあります。前者は智慧を生み、後者は神通力を育てます。この両者の力がないと本当の生きた宗教とはなりません。

＊

神通は心の深奥の自在性を身につけることです。つまり直観的にものをとらえ、しかも道理にかなっている活動のことです。神通がないということは、ものを生かす力量がないということと同じです。

＊

知識によって仏法を学ぶ者に①坐忘《ざぼう》の境を知ることはない。坐忘の境はそのまま「自己を忘れる境」です。坐忘の境から生まれてくる「神通智」の体得なしに、実際に生きて働く仏法とはいえません。

①すべて手放し、忘れて、ただ兀々《ごつごつ》と天地いのちに徹している——それすら忘れていること。

＊

「悟り」「非思量《ひしりょう》」「真如《しんにょ》」という言葉を名詞化してはならない。つまり対象化し、概念として考えてはなりません。自らの働きとして動詞的にとらえるべきです。つまり自己なる本源を、自己がそのものになるという境界《きょうがい》のなかに覚触するというものです。

①思いを超えた真の在り方、行じている実物そのもの。

◆信のなかで読経し、坐る

信という字は「人の言《ことば》」と書きますが、人の言には人と人とを結ぶ霊妙な力があるからだと思う。その力になり切って、何も言わなくても感応するのを「信」というのだと思います。

＊

禅の求道の方法は大疑《たいぎ》に向かい、大疑そのものを公案として追求するものですが、「信」の反対語ではありません。信とは問題意識をいだいた対象になり切って、対象そのものの本性を内奥からの発信で知ることです。それは言語の通じない次元であり、それを大信というのだと考えます。

＊

『般若心経』を読誦《どくじゅ》する場合、その意味も分からずに読んでいいものかどうかとよく問われます。読誦は坐の修行と同じく『般若心経』そのものになり切って三昧になることですから、知性や意味を超えて無心の心で読誦すれば良いのですと答えます。お経そのものが真実であり法の内容ですから、それを信のなかで読誦するものに他なりません。

＊

「信」とは「心一境性」であり、この信が確立しないと、理という次元に触れることはできません。信によって理と事との円融が生まれるものですから、信のない坐禅に法性《ほっしょう》が覚触されることはありません。

＊

禅も仏法僧への畏敬の念がなければ、単なる人間の精神修養法にすぎません。しっかりした宗教性を持っていないと、単なる自己満足におちいるだけです。

＊

①身心一如《しんじんいちにょ》の信仰。信に徹するのも、坐に徹するのも、みな信じて坐るなかで自己が溶け

てしまうという体験がなければなりません。それを無我の体験といいます。無我の体験はとりもなおさず死の体験でもあり、何ものにも依存しない法界そのものの体験です。

①肉体と精神は一つであること。

＊

一如ということを別の言葉でいうと「同時」ということでしょう。同時とは「一」であり「全」ということです。全体をバラバラにしかとらえることができない主客の認識法を、二つに分かれる以前の寂滅という同時から返照するのが禅法です。

ここに机あり、窓あり、森あり、山ありというように一つ一つを認識するのが主客の認識です。そこでは全体同時の現成《げんじょう》の法界を知ることはできません。時空、主客という認識の形式が止んだとき、初めて同時一如の真実に触れることが可能です。

＊

信とは身心をあげて、法界性と同体となる体験です。

＊

『華厳経《けごんきょう》』に「心を法界に遊ばせば、虚空の如し」とあります。心が法界性に触れれば、そこに無限虚空を感じ、虚空と自心とは同体同質であり、自心は仏の法界を具えていることを知ります。心は「因」であると同時に「果」であるということ、心は静であると同時に動であることを知るのです。

＊

「信ずる力」のない者には、悟る力も欠けているといえます。

＊

信は見える世界と見えない世界の両面を、同時にそのまま純粋に認知できる知的全体です。

X　死の恐怖をひそかに感じている人へ

◆坐禅は心の断食です

ある青年に向かって「君が生きている手応えを感じられないというのであれば、君は功《く》々《く》の禅をしてみませんか。ものが豊かになれば、人の心は虚《むな》しくなるものです。ものが心を満たすことはありません、心を満たすのには心の充実しかありません。それには功々禅をしてみなさい。功々禅は坐すれば生命の気が全身を満たすと観ずる禅です」と答えました。

＊

「坐って」あらゆる対象を遮断《しゃだん》したとき、そこから心生命の本来の姿が現われると同時に、そこに心生命の潜在している強大な力のあることを発見するのです。あらゆる対象とは外なる対象のみでなく、脳の対象、さらには内なる心に浮かぶもの、そのすべてです。

＊

坐禅は心の断食のようなものです。心に蓄積された感情や知性のアカをすべて放出し、身《①しん》心軽安《じんきょうあん》ならしめるものです。

①身も心も軽やかで安らかなこと。

＊

坐るということは、心を静止せしめ澄ませることです。内外で起こる風にもゆらぐことのない止に徹することです。濁った水も波を起こさなければ清澄になり、その心の鏡には法界の実相が映しだされます。それと同時に心そのものの本性を悟るのです。これが坐のすべてです。

＊

濁水《だくすい》は乱です。乱は静止すると調います。静止すると濁《にご》りは澄んできます。ただ静止していれば自然の力で澄むのです。人工を加えれば、とたんに乱れます。静寂は活力の源です。活力は静止によって蓄えられるものです。

＊

禅はインドにおいては静寂が主流でした。中国に入ると動不動の禅、つまり①殺人刀活人《せつにんとうかつにん》剣《けん》あるいは作務三昧《さむざんまい》という動禅が主流となります。智慧より力量に重点がおかれました。

①生かす殺すの働きが自由な、すぐれた道力をたとえたもの。

＊

禅語には不会《ふえ》、不知、不識、不思、不得というように「不」が多い。不とは三昧ということです。それ自身になり切れば、それ自身さえも超脱するという意味です。つまり六祖《ろくそ》（中国禅宗の第六祖、慧能《えのう》）のいわれた①「一行三昧《いちぎょうざんまい》」のことです。

①行住坐臥《ぎょうじゅうざが》、いま行じているところがつねに真実であること、そのように生きること。

＊

「一行三昧」とは、現代的にいえば、一業三昧です。己れの職業を通して三昧になることも、高い境界《きょうがい》に導く知性です。

＊

仏法を実践面からとらえると、坐によって「無我・無常」の法界《ほっかい》（自己）の真の在り方を徹見することです。これを分別知でとらえて法界の相を説明しようとすれば、限りない教理に展開されます。つまり「相」としての仏教は一生かけても学び切れませんし、説きつくすことも不可能です。しかし「性」としての仏法は、誰でも坐の実践を通して説明不能のまま覚触《かくそく》することができます。

＊

坐の実践によって開かれる風光は絵画的です。知的に限定されないもので、知的（分別的）にとらえたときは即座に画はくずれ去ります。そのような精神性を持った風光が、心の肌に感じられる地点を境界といいます。「感じられる」というのは法界の風光を対象として見るのではなく、風光そのものに一体化されるという在り方で感じられるものです。たとえば透明な湖（心鏡）に、全風景が溶けこんでいる全風光です。

＊

宗教はイメージ（心象）の世界です。言葉を変えれば創造力の世界で、イメージが深くなるにしたがって見える世界が変わっていくものです。禅の公案も、実はイメージによって開かれる世界です。

＊

美術は、その時代を超えた時代を反映しているものだといいます。芸術というものには思考論理という枠がないので、次世代の時間志向が直観できるのかも知れません。その意味で坐禅も信心も思考を雑念といい、思念の枠を超えた境界を大事にします。

＊

禅は神秘主義であるという説と、そうではないという説があります。神秘という言葉が曖昧で、一応「忘我の境」「恍惚の境」というようですが、禅定《ぜんじょう》のなかで営まれる生命体験には、ある種の忘我の境の痕跡が残ることは確かです。この忘我の過程で心の底に見える沈澱物によって、さまざまな幻想を生みだしたり奇異を感ずる体験をすることがあります。その幻想をはっきり自覚しない場合は魔境となり、その幻想を通して法界全体の無自性を悟り、それがそのまま自己であると達観すれば悟境に他なりません。

＊

悟りとは心的法界の開きです。閉ざされた次元が眼前に広がっていく心境です。それは知的にとらえるのではなく、印象的に触れるもので全体的です。悟りは生涯にわたって、体験のなかでしだいに読みが深まっていく芸術品のようなものです。坐の体験は一度ですむものでなく、生涯にわたって読みあかすものです。

＊

禅には異端《いたん》①はあっても、異安心《いあんじん》はありません。坐の深まりのなかで、安心《あんじん》の境界を覚知し、その境界をさらに脱皮する修行をつづけることを主眼とするからです。異安心というよび方は、宗教集団の組織からいわれることであって、それは組織を守る一種のカルマでしかありません。

①正統的でない生き方。

大乗経典を読んでいると、同じ考えを何度もくり返しています。ちょうど泥遊びのように何度も土をこねてはこわし、こわしてはまたねって新しいものを創造しています。創造的人生を学ぶ土台が大乗経典なのだろうか。

＊

◆心を動かすことによって無心に入る

坐は一面、欲界（世間）を生きる者にとっては癒し系ですが、いわゆるの「安らぎ」「慰め」ではありません。内面において極度の集中力を高めることで、外的な影響力さえ吸収してしまうという方法で心の安定を得るものです。

＊

坐禅のとき、手は①法界定印《ほっかいじょういん》という印を結び法界の真っ只中に坐っています。その印相《いんぞう》（ムッドラー）は坐によって覚知している内面の実相を表現しているものです。たとえ坐が浅くてその内面を自覚できなくても、すでに印相によって象徴的にこれを表現していますから、つねに心を法界定印にかけて心を統一しようとしていけば、かならず法界と一つの境界に深まっていくものです。

①掌《てのひら》を上にして右手を下、左手を上にかさね、親指を向かい合わせた形。

＊

心の統一は弦をピーンと張ることに似ています。そうすると風の力でも音が鳴るように、虚空法界の風の音も聞こえてくるものです。これを宗教的感性とでもいうのでしょうか。

＊

坐禅の内容を止観《①し②かん》といいますが、止によって寂滅性が深まります。その寂滅性を覚触《かくそく》するのが観です。止ののちに観があるのではありません。止そのものを照らしだしているのが観です。

①すべて止め思いを手放すなかに心を摂すること。

②思いが手放されたとき働く自ら覚め照らす智慧。

＊

「観」とは見る者と見られるものがなくなったとき、そこから生まれる寂静の覚触です。

＊

理性《りしょう》（万法の真理）を坐によって究めていくと無分別《①むふんべつ》の境地に入るのです。初めから平等である無分別智を説くと、修行の意味を軽んずることになります。

①万法を対象化して知るのでなく、一体となって明らかであること。

＊

『無畏三蔵禅要《むいさんぞうぜんよう》』のなかに、三蔵がインドから唐の長安に入ったとき（七一六年）、中国禅が盛んで無念無心こそ禅要であると説いているのを知って、三蔵はインドの仏教では念仏を説き念法を説き、かならずしも有念を排除するものではない、だから「起心動念《きしんどうねん》①」を恐れずに、修学を進めることだといっています。つまり有念も無念も禅定の在り方で、坐中においては不二の法門であるといえます。

①心の働きを起こし、そこに念《おも》いをよせること。

＊

坐禅の修習《しゅじゅう》には、無心から入るのではなくまず「起心動念」し、身を調え、息を調え、眼をあけて一法を凝視します。そして前面の壁と坐する己れとの区別が消えてしまうまで、つねに気配りが大切です。

＊

弓を射るのにまず心を動かし、熟練しますと、そのうち心を動かすことなく無心に弓を射る名人になれるのと同じです。

＊

無念は生命内精神が自ら純粋に達することで、有念は生命の知覚作用によって自らを生命内精神に導くことです。

＊

坐禅工夫には二種あるといえます。一つはものの属性を否定することによって、その真実性が自然に現われるような工夫。つまり「これ何ぞ」「これ何ぞ」と追求する姿勢です。二つには法界そのものをそのまま肯定、受容することによって法界の本質を明らかにする工夫で、主に①観想《かんそう》によるものです。

①思いを正し想を凝《こ》らすこと。

＊

中国の禅僧は時として神僧といわれていました。禅僧は禅定力《ぜんじょうりき》を持っているので、鬼神もこれを恐れると考えられていました。禅にはある種の力があり、その三昧力によって人々の苦難を退散せしめることができると信じられていました。ところが禅はいつの間にか常識的理解に流れ、神力を見失ってしまいました。そのときから禅はただの教学となってしまったのです。

◆思い以上のものはそこでしか解けぬ

暗（死）より明（生）を見れば、物事がはっきり見えますが、明から暗を見ると、恐れが生まれ不安になります。

＊

若い頃、死の恐れに悩んだことがあります。死の到来によって私の人生がすべて呑みこまれ、無になるということは一体何を意味するのだろうかと、考えれば考えるほど死の恐怖におそわれ、未熟な心が烈しくゆれ動くのをどうしようもありませんでした。

そんなある夜、自分が死んでいく夢を見ました。夢のなかで死ぬというその夢は、夢ではなく真実として実感していたのです。逆に夢のなかでは親や知人がまるで夢を見ているように生活していました。この夢から覚めてから、死の恐怖感や死に対する思いがプツンと切れてしまったのです。

それは死が分かったのではなく、私が夢のなかで素直に死を受け入れ、私のなかで死が溶解してしまったのだと思います。

＊

「意成身《いじょうしん》」という微細識《みさいしき》（ごく微細な心）は、今でいうと無意識層（末那識《①まなしき》・阿頼耶識《②あらやしき》）が人格化されたものでしょう。死の影に悩まされた若い頃、夢のなかで瀕死の状態になり、それをきっかけに死の恐怖心が解決されたことがあります。無意識領のなかで生まれたものは、無意識によってしか解決できないものだと思います。

① 唯識説でいう第七識。いつも俺《おれ》々と思いはかり執して止まない心。

② 唯識説でいう第八識。われわれのあらゆる業を蔵し、そこからわれと世界を生命展開しつづける個人的生命力の根源。

＊

死の恐怖は無意識のなかで生まれ、無意識のなかで消えます。つまり無意識世界には眼に見えないもう一人の自分がいて、その無意識自己がウソや飾りのない自分です。この無意識の思考を変え、無意識の力を引きだすのが信仰だと思います。

＊

死という閉じられた世界は、暗黙という言葉記号によってのみ解明されるものであって、生なる有系の論理では解明できない異質の記号を持っているといえます。

＊

死は人間の限界を示すものですが、それは死という概念のなかに無限なる道理が内包されているからです。その無限の道理は、しかし死という言葉でしか、人間の生命をのべることができないのです。

＊

生死は縁起の出没であり、法界の法位（時空位）相に他なりません。生から死へ移るものなど何もないということが、そのまま如々世界なのです。

＊

縁起の世界に目覚めることが、生死を超える悟りです。目覚めるとは、年のかさなりとともに現実的に自覚し決定《けつじょう》することです。

＊

平成六年、私は臨死体験のようなことがありました。心臓の鼓動がしだいに遅くなっていったことまでは分かっていましたが、そのあとは分かりません。そのとき、鮮明な緑色の流れを感じたり、青色を感じたり、灰色を感じたりしました。また心に喜びを感じたり、広がりを感じたりしました。ちょうどその頃、釈尊の坐禅について調べていましたので、そのときの体験はそのまま坐禅中の心の深さと全く似ていることに気付きました。「坐禅は限りなく死に接近していくことだ」と思ったのも、そのときの感想でした。

◆死を直視し生を真剣に生きる

ある禅僧が病人を見舞ったとき「私は死にます」と言われて、「貴殿ばかりじゃない、私も死ぬ。生者はいずれ死ぬ者なのだ」と答えたという。ひとりだけが死ぬのではない。死という人類万物の魂を共有して生きているのです。誰もが死をかかえて生き、死につながって生きている自分であると自覚することを教えています。

＊

一度ぐらいは「自分が死ぬ」ということを、真剣に考えておくべきです。「死」は現実であると自覚することです。そのとき死んで考える智慧が生まれます。

＊

死を目前において直視するということは、〈生〉を真剣に生きるということです。〈生〉を真実に〈生〉にするには、〈生〉の究極としての死を深く自覚することだといえます。死ということは〈生〉の究められた極限にあるもので、それは〈生〉の完結であり、完成であります。完結は〈生〉の生まれた原点に回帰することであり、根源〈如来〉への安らぎに他なりません。

＊

禅語に「落葉帰根」という句があります。栄え亡びるのは、つねに自己自身の意識のなかにあります。亡びるのは亡びない心《いのち》に帰結するだけです。それが死んでも死なない一心の本源です。一心が葉を出し、一心で枯れるのが自然法界の真相です。

＊

死は生きる延長線上の断崖にあるのではなく、むしろ永遠の死の延長線上に生が点滅するものです。

＊

死という現象は、現存在を足元からくずしていく変化あるいは時間の消滅です。砂山を足でくずしながら登るように、砂は足元から過去へと落ちていきます。つまり死とは生存の過去形で表現したものです。それでは未来は何かというと、死の完結によって生みだされるものです。

＊

生命には死という絶対的価値が潜在しているため、その潜在識が、逆に生きることに多様な道を展開できる力を与えたのであろうと考えます。つまり多様な生きる価値をつくっているのは、実は死の潜在的智慧なのかも知れません。

◆死後の魂は存在するのか？

『虚空蔵経《こくうぞうきょう》』のなかに臨終について説かれています。

人は死が近づくと、まず眼が見えなくなり、次に耳が聞こえなくなり、つづいて鼻識、舌識、身識という順に衰えていきます。これはちょうど人が生まれたとき、まず身識が生まれ、次に乳を求める舌識や鼻識が活発になり、最後に眼が見えるようになるといいますが、それを逆にたどるわけです。そして最後にかすかな意識のみが残り、体温もわずかに暖かさを感じる程度になったとき、虚空蔵菩薩はその身を現じ、あるいは僧を見せしめ、あるいは変化身《へんげしん》を現じて、瞬時の間に仏法の教えを説き、解脱させ高い世界に導くとのべられています。

微細な意識になったときは、人は誰でも純真で素直な心になるので、仏法を説けばすぐそれを受け入れ信受することができるので、生きているときより仏法がよく分かります。生きているときは人我①、我見《がけん》②があって「そうはいうもののすぐには分からない」「私はこう思う」という執着、我慢《がまん》③の心で素直に信受できませんが、いのちが消えようとするときは、すべてを捨てた心ですから、仏菩薩の教えが不思議なほど分かり仏菩薩の境界と同じ心になります。

①個人存在としての自我。

②自我に対する執着。

③おごり高ぶる心。

＊

仏教部派説では死後の意成身《いじょうしん》という微細識《みさいしき》、つまり一種の魂の存在を認めていますが、その意成身はそれ自身無自性《むじしょう》のもので転変性（変化する性質）を持っているもので、仏教の無我説・無常説の真意をくずすものではありません。ですから死後、死んでも死ない心が存続するとのべても、別に違反するものではありません。意成身なども因縁和合のものので結合する縁がなくなれば、如々へと没入していくものです。

＊

あるキリスト教者に「死んだら、仏教徒もキリスト教徒もイスラム教徒も、同じ世界に往くんですよ」「あなたは違うと思っているでしょう。そう信じることを仏教では邪見（よこしまな考え）といいます」「邪見とは善と悪、神と人を分け、善を絶対と信じている心の状態をいいます」「仏教には〈破地獄文《はじごくのもん》〉という神呪《じんしゅ》があります。〈心仏及衆生、是三《しんぶつぎゅうしゅじょう、ぜさん》

無差別《むしゃべつ》〉（華厳経）という呪文です。この呪文によって邪見の地獄から解放されるのです」と言うと、信じられないという顔をしていました。

＊

死は如々の次元に飛躍し超入するもので、人は死によって生命の本源に同化するものです。死後の世界は人知の及ぶところではありません。ですからこれを不可思議世界というのです。この法界は生死一如《しょうじいちにょ》の一大不可思議界です。

＊

生と死とはコインの裏と表です。生の価値と死の価値とを区別すべきではないのです。

＊

釈尊はよく「あの世とこの世」と一緒にのべて、あの世とこの世とを分けていません。それは生と死とが不二であり、一如だからです。ただ人間の分別知のみが分けて考え、その分けることで不安になっているだけです。その分別知を捨て坐の世界に沈潜して、初めて生死一如は直感的に感じられるものです。生死は動と静との果てしない波に似ています。

＊

生死一如とは、生死すべてを肯定受容する「有」の立場も、また生死をすべて空理と観ずる「無」の立場も、一如底にあっては同じことです。すべてを受け入れて考えるところに、真実に生きる智慧が生まれます。

＊

魂はあるかないか、宗教世界ではつねに問われる問題です。「ある」と答えるのも「無」と答えるのも、みな方便にすぎません。方便とは人それぞれの要請にしたがうものです。生命（魂）は隠顕《おんけん》自由のもので、隠れているときは無といい、現われているときは有というも同じものです。みな時節因縁《①じせついんねん》の不可思議作用です。

①時節がきて因縁が合し熟すること。

＊

魂はないといいながら葬式法要を営むのは、精神的サギか、単なる世間の儀礼形式にすぎません。

＊

儀式というのは、時間に「けじめ」をつけることです。「けじめ」をつけねばならぬ節々に儀式が必要なのですが、儀式によって物事にすべて「けじめ」がついたと考えるのは自己欺瞞《ぎまん》です。

◆五官の窓を閉めてみなさい

禅の究める境界は、①朕兆《ちんちょう》以前未生《みしょう》の世界です。それは言語によって説明することはできません。言葉以前の体験的知性で触れる以外にはないのです。しかしこうした宗教性は、どこまでも一個半個《いっこはんこ》というごく少数の伝承しかないといえます。

①すべてのものが兆《きざ》す以前でまだ何も生まれていないこと。

＊

「①不立文字《ふりゅうもんじ》」とは、仏教教理の概念からの解脱《げだつ》です。しかし文字からの脱出は単なる文字の否定ではなく、文字の底に隠されている無限につらなる意味を引きだすことができるのです。そのとき、初めて分別知の頭脳の執われから解放されるのです。その分別知、主客に分ける知からの脱出を禅というのです。

①真理は文字、概念に表わせないこと。

＊

認識判断を超える坐の体験は、①不生不滅《ふしょうふめつ》の一如の境界を覚触《かくそく》します。つまり、相対がそのまま絶対であり、絶対がそのまま相対であるということです。この一如を洞山《とうざん》大師（中国・曹洞宗の開祖）は『宝鏡三昧《ほうきょうざんまい》』で「渠《かれ》まさにこれ汝《なんじ》」と表現し、相対を「汝これ渠にあらず」と表現しています。

①生滅でありながらそのまま生滅を超えて一つであること。

＊

恒常不変の理性《りしょう》はそのまま転変万化の無常そのものです。坐はその無常のまま、理性に参じて一つになる道です。寂滅性の坐がそのまま動的化身《けしん》（仏の仮りの姿）として現われているものです。

＊

主客未分の実相を知ることを悟りというのです。それは自己自身が坐において主客未分にならなくてはなりません。坐禅が坐禅している、自己が自己になっている境界です。

＊

求めるということは、人が価値をつくるからです。その求める心を停止したとき、そこに広がる世界が①本来《ほんらい》の面目《めんもく》です。われわれが生きる世界の価値付けを超越した次元を覚触するのです。

①思いに汚される以前のもともとのありのままの姿。

＊

外に向かっている五官の窓を閉めてみなさい。すると、全く異質な世界が開かれてきます。

＊

参禅会での質問に「どうしたら禅が分かるか」とたずねられ、「私は最初からただ仏法が好きでしているので、禅や仏法が分かる分からないと思ったこともなく、禅を人生の糧にしようとか、人格を磨くとか、そういう飾り物にするつもりもなかった」と話しました。

＊

「悟った」「悟らぬ」は五十歩百歩です。無常であり、無我である一切法を、それは因縁果の現象であると気付くか、気付かぬかの違いで、それも塵のような人間の尺度で考えているだけのこと。

＊

悟っても悟らなくても、生死一如です。悟りも迷いあってのことで迷いも悟りの要因、悟りも迷いの一面です。それを悟りだけに価値を与えるのは邪見というものです。

＊

坐禅を悟りへの方便（手段）とするか、それとも理想実現（目的）そのものとしてみるかを論じている限り、それは坐に対する不信です。坐はそれぞれの機根（宗教的素質）によって異なるだけです。

＊

坐禅して胆力をねり、豪快になり、強くなると説く者がいたとすれば、一種の現世利益《げんぜりやく》のためのつまらぬ戯言《たわごと》です。人間界の強弱を超えた次元に目覚めることが仏法なのです。

＊

『法句経《ほっくきょう》』に「真であるものを真であると知り、真でないものを真でないと知る」と。真を真と知り、偽《いつわ》りを偽りと知るということはすごい英知です。それにはまず身心を坐によって零《ゼロ》にし、人間の価値基準をすべて〈捨てる〉ことから始めなくてはなりません。

＊

「捨」「大捨」というのは「もとにもどす」「もとに返す」という意味を含んでいます。『首楞厳経《しゅりょうごんきょう》』に「明は明に還《かえ》し、暗は暗に還し、空は空に還し、還すべき何物も無きに至った処が、即ち汝の真性である」とあります。身心を本源に返す修行が坐禅です。「還すべき何物も無き処」それは無自性空《むじしょうくう》のところです。われを真のわれ（如々）に返して、初めて如々なる自己が明らかになるのです。

＊

生命（自己）の本源に回帰する営み、それが坐禅です。回帰するということは、どこまでも再生し回復することです。

あとがき

須田道輝《すだどうき》老師と内山興正《うちやまこうしょう》老師は、澤木門下で寝食を共にして学ばれた道友です。お二人は何かウマがあって、よく語りあい、おのずとお互いの存在が励みにもなっておられたようです。その交遊は内山老師が亡くなられるまで、ずっと続いておりました。

きっと型にはまらない自由な気風が、やみくもに坐るのではなく、その法を自分の言葉でいきいき表現しようという姿勢が、そして一人の求道者《ぐどうしゃ》としてどこまでも道を求めてやまない純情なこころが、響きあっておられたのではないでしょうか。

晩年、須田老師にはなんとか本当の仏法を多くの人に伝えたいという使命感にも似た熱い思いがあり、ご自分の内から湧いてくるそれらの言葉を思いつくままに書きつけておられました。それは五十枚の原稿用紙三冊分になり、老師は「閑《かん》塵集《じんしゅう》」Ⅰ・Ⅱ・Ⅲと名づけて私に手渡し、なんとか本の体裁にしてほしいと言われました。

本書はそれにご自坊の天祐寺虚空蔵堂《てんゆうじこくうぞうどう》から足かけ十年にわたって出された季刊誌、『円相』の法話をあわせて編み一書としたものです。その最初の編集原稿ができたときはまだ老師はご健在であり、喜んで下さったその笑顔を忘れることはできません。

老師は心の広い方です。どんな求め方、どんな信心の方も受け入れられました。それがいろいろな老師の方便、法の説き方になって現われていると思います。

ガンジス河は聖なる河といわれますが、そこには聖句を唱えながら沐浴《もくよく》し身を清める人も、河辺で焼いた死体の灰を流す人も、そこで祈る人、泳ぐ人、洗濯する人——清濁《せいだく》あわせ、みな受け入れて河は今日も滔々《とうとう》と流れています。生死混沌《しょうじこんとん》として渦《うず》まく泥の河、そこに本当の清らかなものが生まれるでしょう。その流れの深い底には、すべてをいつくしむ祈りのようなものがあるのでしょう。老師のなかにそんな祈りを感じます。

「菩薩禅《ぼさつぜん》」「坐禅の大衆化」「自分の解脱より利他《りた》救済」など、坐禅を何か一部の特別のものとせず、もっと身近な現実の人生に密着した生きる坐禅をすすめられました。そして伝統的な寺院仏教とは異なった真の菩薩集団を創る、そんな夢も持っておられたようです。日本仏教の現状を憂え、人類のゆくすえに対する深い危機感。それは老師の天眼通《てんげんつう》の眼に映ったありありとした光景だったでしょう。

京都の仁和寺《にんなじ》、高台寺《こうだいじ》、慈雲尊者《じうんそんじゃ》の高貴寺《こうきじ》、明恵上人《みょうえしょうにん》の高山寺《こうざんじ》……お供させていただいて一緒に歩いたことをいま思い出します。お寺にはよく石段がつづいていて、老師はそこをゆっくりゆっくり上られました。そしてお堂の縁に腰をおろして一服なさいます。そこはいつも陽《ひ》がさんさんと満ちているばかりで、静かなのです。老師の広々としたおこころに包まれていることを感じていました。いまここに収められた言葉に接すると、そのときの暖かな老師にじかにまみえているようです。

四月の澄みきった大空のもと、数日前から食べものを受けつけなくなられた老師は、入院されたその日の夜に眠るように旅立たれたそうです。ちょっとそこまで行かれるように——。

遺偈《ゆいげ》

耕雲摶飯《こううんたんぱん》　八十餘年
末期一句《まつごいっく》　唯此是這《ただこれこれ》

＊　＊

思いがけず本書は「遺稿集」となってしまいましたが、多くの方のお陰によって、老師との約束を一つ果たすことができました。老師も楽しみにしておられた出版、その願いが広く響きわたっていきますようにと念《おも》わずにはいられません。

今回、原稿のパソコン入力にあたっては、十方庵の児玉慎一さんの全面的なお力添えをいただきました。また出版に際して天祐寺の須田まき奥様、哲成方丈様の暖かいお心遣いと、編集部の小山弘利さんにお世話になりました。ここに記して厚く感謝する次第です。

平成二十一年二月

櫛谷　宗則

須田　道輝（すだ・どうき）

昭和4年、茨城県久慈町に生まれる。同24年、澤木興道老師に就いて得度。同31年、駒澤大学仏教学部を卒業。同39年、水野弘元博士に就いて転衣嗣法。同42年に長崎県諫早市天祐寺に入り、寺門の復興に尽力する。導きにより虚空蔵堂を建立し、講演、著述を通して衆生教化につとめる。平成20年4月24日、示寂。

著作は数多く、『禅からの出発』（葦書房）『因縁』『虚空の神力』（以上、柏樹社）『わが心の釈尊伝』『道元禅師の人間教育』（以上、仏教企画）『石頭禅師語要略解』（曹洞宗宗務庁出版部）etc。

禅僧が贈る言葉

平成21年4月8日　初版発行 ©

著　者　須　田　道　輝
編　者　櫛　谷　宗　則
発行人　石　原　大　道
印刷所　三協美術印刷株式会社
製　本　株式会社　若林製本工場
発行所　有限会社　大法輪閣
東京都渋谷区東2－5－36　大泉ビル2F
TEL　(03) 5466－1401(代表)
振替　00130－8－19番

ISBN978－4－8046－1283－6　C0015　Printed in Japan